Los 7 Pasos Para el Exito en el Amor

Los 7 Pasos Para el Exito en el Amor

Dra. Isabel

Todos los títulos que distribuye UnicaLibros pueden ser adquiridos con descuento especial al por mayor para promociones, premios, recolección de fondos y usos educativos o institucionales. Extractos especiales o impresiones por encargo también pueden hacerse para satisfacer necesidades especiales. Para recibir más detalles, escriba a: Marketing Department, UnicaLibros Publishing Corp., 8400 N.W. 52nd Street, Suite 101, Miami, FL 33166.

Impreso en los Estados Unidos de América

Primera imprenta: Septiembre 2002
10 9 8 7 6 5

ISBN: 0-9721605-0-7

Diseño por Mark Lerner
Fotografía de la portada por Roberto Valladares

A mis nietos Marco, Gabriela, Enzo, Diego, Alessandra y Nicco . . . Gracias por enseñarme el verdadero éxito en la vida—sentirse amado.

Índice

Agradecimientos

Una de las acciones que más contribuye a ayudarnos en este viaje por el camino del amor, es el de dar las gracias, el de practicar el ejercicio del agradecimiento. Es pues este mismo concepto lo que me motiva a expresar mi reconocimiento a todas aquellas personas que han hecho posible este libro.

En sus páginas se encuentran no sólo conocimientos profesionales, los cuales agradezco a mis pasados profesores, sino también experiencias de relaciones afectivas, ilusiones hechas realidad, fallas también, y la satisfacción de logros de metas trazadas por mí o por otros. Otras experiencias afectivas, con hijos, esposo, traiciones, perdones y todo lo que ha formado parte de mi historia y panorama de mujer figuran también en este libro.

Entre aquellas personas que con sus palabras de aliento y su participación con ideas enriquecieron el tapete de mi vida, se encuentran Joaquín Blaya, Chairman & CEO de Radio Unica, quien tuvo la visión y me dio la confianza que me permitió y facilitó dar un importante paso en mi viaje. Fue él quien me brindó la oportunidad de contribuir con mi ayuda personal a tantas personas dentro y fuera de los Estados Unidos y de afirmar en mí el compromiso de compartir estos principios con nuestros lectores y radio oyentes.

Alan Stess, por darme ese "empujón" para escribir sobre aquellos principios en que creo con pasión y que redundará en ayuda y apoyo a quienes los lleven a la practica.

Agradezco a Adriana Grillet, Carolina Fernández y mi productora, Adela Grund, por su colaboración con ideas y sugerencias para llevar a cabo este libro.

A Steve Dawson, quien con su mente empresarial y talento organizacional se encargó de todo lo relacionado con el diseño y composición de este libro.

Un agradecimiento muy especial a Carlos Harrison quien con su dedicación y esfuerzo, caminó conmigo página por página y con quien compartí risas, sonrojos y lágrimas a medida que el libro tomaba forma.

A mi editora, Diane Stockwell, quien con su consejos y experiencia ayudó a estructurar, crear el diseño y supervisar el sinfín de detalles necesarios para completar este proyecto.

A Martica Santeiro, por su amistad incondicional y por encontrar los pensamientos de autores que capturan mis sentimientos sobre el tema maravilloso del amor, la amistad y la comprensión.

Finalmente, no puedo dejar de agradecer a mi familia y amistades por aceptar pacientemente la distancia que impone el retiro necesario para pensar los temas de este libro. Vayan mis especiales agradecimientos a todos mis amigos en Radio Unica porque con sus sonrisas y cariño diario me llenan mi tanque de amor y me dan el impulso necesario para continuar.

Gracias a mis radio oyentes por compartir diariamente conmigo sus problemas y dolores y porque son ellos quienes me dicen y me hacen percibir que estoy en el camino que Dios Todopoderoso ha diseñado para mí.

INTRODUCCIÓN

Los siete pasos

Todos queremos creer en cuentos de hadas, en fantasías. Queremos imaginarnos que en cuanto encontremos a nuestro Príncipe Azul o a nuestra Blancanieves que desde allí en adelante viviremos para siempre felices, sin hacer más nada.

¡Ojalá! La realidad de la vida es que la felicidad es nuestra responsabilidad. Sí podemos tener la relación que siempre hemos soñado, pero el camino de la felicidad en el amor hay que prepararlo igual que uno prepara un cantero para poner un rosal. O inclusive para preparar un camino. Hay que allanar el terreno. Hay que quitar las piedras. Hay que hacer una serie de cosas para poder hacer ese camino suave. Ponerlo en un lugar donde puedas ver las cosas más lindas de la naturaleza, en vez de las cosas más feas.

Todos los días en mi programa en Radio Única, recibo llamadas de hombres y mujeres que han perdido el camino en su búsqueda de la felicidad, la armonía y el amor. En todas esas llamadas me he dado cuenta de un patrón en los problemas con las parejas. Todos tenemos que enfrentar, pronto o tarde, dificultades y complicaciones en nuestra relación.

Pero les aseguro que pueden llegar a una felicidad más increíble y más profunda siguiendo sólo siete pasos para el éxito en el amor. No importa si estás en una relación, o estás buscando una pareja, en este libro les voy a enseñar cómo llevar una relación linda y sana con tu pareja. En él, integraremos varios aspectos de lo que constituye la relación cotidiana e íntima de una pareja y aprenderán cómo resolver situaciones como celos, falta de comunicación, problemas en la intimidad, y cómo resolver conflictos.

Los siete pasos para el éxito en el amor

1. Conocernos a nosotros mismos
2. Conocer a nuestra pareja
3. Utilizar comunicación correcta
4. No robar
5. Solucionar los problemas a diario
6. Practicar el perdón con frecuencia
7. Crear la intimidad

En las páginas que siguen, les voy a enseñar lo que quiero decir con cada uno de estos pasos y cómo pueden incorporarlos en su vida para encontrar, encender y mantener la llama del amor en su relación. Les daré ejemplos reales de la vida y ejercicios para llegar a la felicidad.

Empezaremos con lo fundamental, la necesidad de conocernos a nosotros mismos. Cada pareja comienza con el individuo, y para andar por el camino del amor tenemos que conocernos a nosotros mismos con nuestros momentos de luz, y con nuestra sombra. Porque casi siempre aquello que mantenemos en la sombra no solamente puede ser una indicación de algo que tenemos que hacer para cambiar en nuestra vida, sino que puede ser un presagio de lo que vamos a encontrar en nuestra vida.

Tenemos que conocer los valores y los temores para saber cómo reaccionar ante esto. Si no te conoces a ti misma, ¿de qué te vale conocerlo a él? Tú no sabes si va con lo tuyo. Hay muchas personas que no saben quiénes son en ellas mismas.

Para poder amar, hay que conocerse, y hay que amarse. No puedes dar tu amor si ni te amas ni te conoces.

> **Antes de que puedas realmente conocer a tu pareja, te tienes que conocer a ti mismo.**

La mayoría de nosotros, como seres humanos, crecemos por medio de las relaciones. Y las relaciones aunque nos traen mucha felicidad, también nos traen muchos momentos de tristeza. En esos momentos de tristeza yo creo que es cuando más nos encontramos con nuestra sombra—quiero decir con sombra, nuestras debilidades, nuestros fallos. Que realmente no me gusta llamarlos fallos, sino oportunidades para el crecimiento.

Conociéndonos a nosotros mismos y a nuestro compañero nos abre el camino para usar la compasión, comprensión y empatía en la pareja. ¿Qué quiere decir eso? Comprender por qué esa persona se siente así. Ponerse en el lugar de esa persona. Poder tomar la posición que esa otra persona está tomando.

Aquí, paso por paso, les enseñaré cómo crear la intimidad total, esa conexión que es el vínculo más fuerte que pueden tener dos personas, que va más allá de palabras, que incluye la intimidad física, emocional y espiritual.

Aprenderán cómo utilizar la comunicación correcta para expresar los sentimientos con propiedad y con certeza, para mejorar la relación sin herir a la pareja. Muchas veces, si nos dejamos llevar en lo que estamos sintiendo por el enfado y el enojo, podemos decir cosas de las que quizá después nos arrepentiremos. Hay que tener mucho cuidado en cómo expresar los sentimientos.

Les demostraré cómo usar la propuesta "yo" para hablar sobre los sentimientos, y expresa y concretamente decir qué es lo que ha causado tu enojo. Lo que no es permitido son las groserías. Lo que no se debe usar son palabras que vejan y hieren a la otra persona. Hay que pensar antes de disparar.

También, aquí aprenderán que sí se pueden tener diferencias de opinión. Yo creo que una pareja que en todo piense igual, ¿no creen puede ser un poco aburrida? Y si lo es, pues, bendito sea Dios. Continúen así. Pero yo creo que es importante que reconozcamos que cada persona puede tener su punto de vista en distintos temas y saber.como expresarlos sin llegar a una pelea o a decirle, "Tú no sabes de lo que estás hablando".

Además, en estas páginas les explicaré por qué es tan importante no robar. Seguro que ustedes se van a preguntar, " ¿de qué está hablando la Dra. Isabel? Por supuesto que uno no debe de robar". Pero sí, hay muchas cosas que se roban en una pareja que no nos damos cuenta. Por ejemplo, robar el tiempo de conectarse con su pareja, de forma íntima, de forma de poder hablar, de forma emocional. Y eso es importante. Les enseñaré cómo sacar la cuenta para ver cómo están utilizando el tiempo, y cómo encontrar el tiempo para conectarse con su pareja.

Verán cómo evitar el robo de la confianza, el dinero y la individualidad de la pareja. Cada persona en esa pareja debe tener ciertas necesidades, ciertos gustos o ciertas metas que quiere lograr. Cuando una pareja se ama, se debe respetar ese deseo de que la otra persona pueda sentirse feliz llegando a sus metas. Colaborar tanto con el hombre, como con la mujer, para lograr llegar a esas metas. También hay que colaborar en lo que es la economía familiar. Vamos a ver cuánto dinero gana la familia. Vamos a ver cuáles son las necesidades de la familia. Y les demostraré que una de las formas más efectivas para evitar el robo en la pareja es establecer reglas para poner orden en la familia.

Otro factor importante es solucionar los problemas a diario. No los acumulen. A ustedes ¿se les ocurriría guardar la basura por siete días en la cocina? No. Todos los días sacan la basura. Todos los días deben sacar la basura de la pareja.

Aquí también verán la importancia de practicar el perdón con frecuencia. Porque si vamos a tratar de verdad de solucionar los problemas, vamos a tener que estar dispuestos a perdonar las ofensas y darle una oportunidad a nuestra pareja de cambiar.

Esto es lo que les espera en las páginas de este libro. Son los puntos necesarios para mantener la llama del amor. Si lo que buscas es una relación basada en el amor y el cariño, llena de respeto mutuo y de la determinación de compartir el resto de sus vidas y enfrentar los problemas juntos, aquí encontrarás la información que necesitas para hacerlo una realidad.

Vamos, entonces, a comenzar el viaje por el camino del amor. Con sólo siete pasos este camino los llevará al éxito en su relación.

CAPÍTULO 1

Paso 1:
Conocernos a nosotros mismos

No vemos las cosas como son, sino
como somos.

— Anais Nin

Es cierto. Nuestras experiencias determinan no
sólo quiénes somos, sino cómo vemos.
Nuestros valores y temores, formados principalmente en nuestra niñez, afectan por todo una
vida nuestras relaciones, reacciones y comunicaciones.

Por eso, el primer paso para el éxito en el
amor es conocernos a nosotros mismos.

Entramos al mundo como barro, listo para ser
moldeado. Y según vamos creciendo, la influen-
cia de nuestros padres, amigos y todas nuestras
experiencias nos van formando, trabajando,
configurando nuestros caracteres e inculcán-
donos valores y temores tan profundos que se

convierten en patrones de conducta que exhibimos constantemente pero ante los cuales nosotros mismos estamos ciegos.

Este proceso nunca se detiene. Según vamos por el camino de la vida, nuevas experiencias—fracasos y éxitos en el amor, el trabajo y la escuela—nos van afectando. Somos como esculturas que nunca se terminan: cada conversación, emoción e interacción puede hacer más concretos y delineados esos patrones, o puede impactarnos de una forma que nos ayuda a limar asperezas.

¿Qué significa esto? Que cuando vas creciendo, hay valores que han sido impuestos por tus padres y por la educación que has recibido. Pero por experiencia propia sé que había algunos a los que yo les ponía cierto signo de interrogación. Yo creía que tenía que explorar un poquito más. No estaba muy segura de ellos. Uno puede leer mucho, puede aprender mucho, pero también puede cuestionar mucho.

Abriéndonos al amor

Cuando formamos pareja, estos valores y temores no sólo afectan cómo respondemos a esa otra persona, sino también afectan hasta a quién escogimos. Después de que nos unimos a esa persona, no sólo tenemos que tratar con todas nuestras propias programaciones y patrones de conducta del pasado, sino también con los de nuestra pareja. Y esta combinación de caracteres forma una reacción dinámica y única.

Vamos creciendo por medio de las relaciones. Cuando nos abrimos al amor tomamos riesgos, porque si de verdad queremos conocer a la otra persona tenemos que decirle quiénes somos.

Hay que tener honestidad emocional. Tienes que hablar de tus emociones, de tus sentimientos. Hay personas que me han escrito, "Yo llevo tanto tiempo con mi novio, estamos planeando casarnos, y soy una persona que no le he dicho cómo me siento acerca de ciertas cosas de él".

Si tú no le puedes decir a esa persona con la cual estás cómo te sientes, no puedes estar contemplando matrimonio. No puedes estar contemplando acostarte con él. Estás usándolo a él y él a ti de una manera sexual, porque es obvio que no te ha preguntado cómo te sientes.

¿Tienes cambio?

Mientras más cosas similares haya en la pareja, más probabilidades de éxito habrá en la relación. Mientras más diferencias haya en la pareja, mayor será la posibilidad de fracasar.

Eso no quiere decir que las parejas tengan que pensar igual en todos los temas. Todos tenemos el derecho de tener nuestra opinión y de poder dialogar sobre dicha opinión. Pero, por supuesto, si el tema—ya sea político, religioso, etc.—se convierte en una cuestión de pelea es mejor decir, "Esa es tu opinión y ésta es la mía". En el capítulo de robo y reglas hablaremos con más detalle de esto.

Hay hogares donde uno quiere controlar o uno quiere manipular. Eso forma parte de la personalidad que quiere cambiar quien tú eres. Aquél que tiene su propio libreto y te va a cambiar. "Yo lo cambio" o "yo la cambio". Es aquél que es el escultor. Que te quiere cambiar tus ideas. Que se casa contigo reconociendo cuales son tus valores, pero te dice, "Je, eso lo cambio yo". Lo que es una forma de control. De eso también hablaremos más adelante.

Pero, ¿puede uno esperar que va a cambiar la pareja? Más vale que sea antes que después.

En cada pareja pueden haber diferencias que se tienen que enfrentar. El tema del idioma es un ejemplo que yo he visto en mi programa en Radio Única. ¿Cuántos idiomas quieres que tus hijos hablen? ¿Cuán importante es que un niño aprenda un idioma, dos idiomas?

También me llaman muchísimas mexicanas que se han casado con musulmanes. Ahí hay cambio de religión, cambio de idioma y cambio de todo. Es un cambio completo de cultura.

Esas conversaciones tienes que tenerlas antes de decir, "Nos vamos a casar".

Hay un cuestionario en mi primer libro,

Dónde están las instrucciones para criar a los hijos, que aquellas parejas que estén contemplando seriamente unirse deben sentarse y contestar. Tengo muchas cartas y correo electrónico que me indican que lo han hecho y que se sienten muy contentos de haberlo hecho:

Vamos a conocernos de verdad

1. **Gustos personales/sociales**
   Hogar: dónde vamos a vivir
   Vida social
2. **Inventarios de puntos importantes**
   Valores en común
   Necesidades personales
   Tiempos tranquilos
   Importancia de y gustos en la limpieza
3. **Las finanzas**
   Cómo dividir los gastos
   A quién y cuándo le toca manejar las finanzas
   ¿Ahorros? ¿Inversiones? ¿Tarjetas de crédito?
4. **Metas personales**
   Quehaceres del hogar
   ¿Quién hace qué?
   ¿Turnos?
5. **Niños**
   ¿Tendrán? ¿Cuántos?
   Disciplina

¿Qué idioma hablaremos en la casa?
6. **Trabajo**
¿Quién va a trabajar fuera de la casa?
¿Cuál posición van a tomar si mamá es
una profesional y la pareja tiene
hijos?
Si se toma una posición tradicional y la
madre no trabaja — el respeto hacia lo
que hace ¿será demostrado?
Horarios
Límites
7. **Religión**
¿Vamos a practicar?
¿Cuál?
8. **La familia extensa**
¿Qué importancia le daremos?
¿Limitaciones?
Los suegros: ¿cómo tratarlos para
llevarnos bien?
9. **Relaciones sexuales**
Tabúes
Frecuencia
10. **Vacaciones/Días festivos**
¿Cuáles?
¿Tenemos tradiciones que indican cómo
deben ser celebradas?

Este tipo de cuestionario es personal, individual y calladito. Y puede ayudarte incluso después de que la unión esté establecida. Es como si estuviera analizándote ¿qué tipo de relación tienes? Nunca utilizando esto como balas que vas a poner en tu pistola para dispararle a tu marido, sino para que puedas crear algo positivo. "Éstas son todas las cualidades que yo encuentro en nuestro matrimonio. Me gustaría trabajarlas contigo por dos semanas". Y la pareja debe de hacer lo mismo.

O sea, que él ha identificado un problema, y tu has identificado otro. Entonces, que los dos trabajen, nadie les va a poner un límite de tiempo—uno o dos semanas—para ver si pueden mejorar ese punto. Y a dejar los demás. Que no piensen en los otros. Es enfocarnos en un problema a la vez. Y para eso son los cuestionarios. Porque si tratas de cambiar todo lo que va mal en una pareja en una semana, ¡olvídate! No va a suceder. Tenemos que basar el cambio en la pareja en éxitos, uno a uno. Ésa es la base del matrimonio. Es como un edificio que estás reconstruyendo porque se está derrumbando. Si tratas de hacerlo a todo dar y a todo tiempo, el edificio se derrumba. No puedes quitar los cimientos. Si no, vas a tener que arrasar con el edificio.

Valores claves

Antes de comenzar cualquier cambio, tenemos que reconocer cuales son las cosas que son valores claves para nosotros.

Areas potencialmente conflictivas
en una relación

- Las finanzas
- La religión
- La disciplina de los hijos
- El sexo

Los valores más importantes en una relación son las finanzas, la religión y la disciplina en el hogar. Esos son temas que por lo general pueden causar problemas. Por supuesto que el sexo y la forma de practicarlo son un tema extremadamente importante de abordar. ¿Cuáles son tus gustos? ¿Cuáles son mis gustos? ¿Cuál es tu cultura? ¿De dónde provienes? ¿Qué estás dispuesto a explorar? ¿Qué no estás dispuesto a explorar?

Por cierto, en el sexo puede haber un poquitito más de flexibilidad en ciertas cosas que la que hay en la religión. Porque si Dios es una cosa muy importante en tu vida y la forma en que practicas tu religión es muy importante en tu vida, no puedes pretender entonces casarte con un agnóstico.

Es como una línea de prioridades que teneemos que identificar para darnos cuenta de que hay veces que tenemos problemas de comunicación en la pareja porque uno de los tanques de amor está vacío.

Tienes que preguntarte: ¿Cuáles son tus valores ahora y cuáles fueron antes? ¿Por qué te casaste? O, ¿por qué te estás sintiendo atraído hacia esta pareja? En un papel escribe cuáles son las características por las que te sientes atraído—las características reales, no las que estás atribuyéndole a esta persona y que en realidad no las tiene. Quitándonos las gafas, quitándonos los espejuelos. Realmente mirando a esa pareja, con la cual o estamos viviendo o nos estamos sintiendo atraídos. ¿Qué es lo que ves en esa persona? Entonces, detrás de esas características, ¿cuáles son los temores que las características de esta persona están acallando?

A lo mejor querías salir de tu casa porque tenías una situación inaguantable. Tenías una inseguridad muy grande y este señor tiene un trabajo; te va a dar estabilidad económica. Imagina que esa preocupación ya no sea algo muy importante en tu vida diez años más tarde. Pero si esa persona tuvo un revés económico y se han declarado en bancarrota, no porque él se haya comportado mal sino porque la vida es así, ya lo miras con desprecio. Ya no lo quieres. Porque la razón principal por la cual te casaste con él fue por eso. Va a surgir resentimiento porque uno de tus anhelos es nunca sentirte necesitada, has proyectado en otra persona, en tu papel de víctima. A lo mejor no lo sigues siendo, pero continúas pensando en ciertos aspectos del pasado como víctima.

La jerarquía de valores claves

El factor económico es el que contribuye más a los divorcios hoy en día en todos los Estados Unidos. Te sorprende, ¿verdad? A mí me sorprendió. El conflicto económico es la razón número uno por la cual se divorcian la gente. Pero no te extrañes si el temor detrás de eso era un buen proveedor. Te casaste con él porque parecía ser un buen proveedor y no te está dando lo que te iba a dar después de 15 años, así que se acabó.

Básicamente yo creo que si la prioridad tuya era tener estabilidad y tú le has puesto toda la responsabilidad al hombre de tener esa estabilidad económica, por supuesto que la segunda y tercera prioridades no son importantes.

Pero sitúate en el caso de que tienen todo lo que tú quieres, entonces la otra necesidad surge. "Sí, estamos haciendo todo esto, pero él lo está haciendo por su cuenta y yo por la mía. No hacemos cosas juntos. No hay una conexión emocional".

Es como una línea donde tú pones, "Esto es lo principal, esto es lo segundo, esto es lo tercero, etc.". Entonces, una vez que satisfaces esta necesidad, se presenta la próxima. "Ah, pero él nunca va a la iglesia conmigo. Espiritualmente no estamos unidos, se ríe de mí".

O, tercero, "No cree en mí. No puedo hablar de mi profesión, no puedo hablar de lo que hago, porque se ríe de mí. Y me dice que su opinión es más importante que la mía". No importa que tengas un título, no puedes hablar de lo que tú haces.

Esos son valores propios que debemos reconocer antes de que se conviertan en problemas en la pareja.

Conociendo nuestras metas

Un tema que muchas veces no se explora suficientemente son las metas personales en la educación.

Por ejemplo, "Sueño con aprender inglés, pero después quiero aprender una profesión". Hablar sobre esa profesión. La razón por que quieres tener o no más educación. Saber si a la otra persona le gusta o no leer. Lo cual no indica que no sea intelectual sino que es posiblemente la señal de un problema de dislexia que no ha sido nunca reconocido como tal.

¿Qué piensas de la educación de tus hijos? Porque muchas personas con las que he tenido la oportunidad de hablar, y que han llegado a triunfar en la vida, me han dicho, "Bueno, yo pude lograr muchas cosas sin estudiar. Yo no tengo que preocuparme de cómo mi hijo va a estudiar".

Costumbres y cultura

Hay pocas cosas que afectan más a las parejas latinas que la inmigración.

¿Cuál es la función, y cuál es el impacto de la inmigración al nivel cultural? De nuestras costumbres, ¿cuáles son las que mantenemos y cuáles son las que tenemos que desechar totalmente para poder funcionar en esta sociedad en los Estados Unidos?

Todos llegamos cargados de las costumbres y ataduras culturales de nuestros países. Podemos llamarlas valores costumbristas. Porque cada país posee sus valores propios. Queremos pensar que porque todos somos hispanos, todos somos latinos, todos tenemos las mismas costumbres. Sí tenemos muchas en común. Pero también tenemos muchas que nos hacen diferentes. Entonces, tenemos que estudiar aquellas que vamos a mantener y aquellas que vamos a desechar.

Por ejemplo, hay una incongruencia que yo he encontrado en las llamadas a Radio Única. Por un lado provienen de una cultura donde la mujer se ha quedado siempre en casa. A los dos o tres años de estar en los Estados Unidos, hay un grupo que dice, "Tú me tienes que ayudar, porque yo tengo que seguir mandando". Esta divergencia entre esos valores culturales causa un conflicto en aquel muchacho que tiene los padres en su país y que se siente totalmente obligado a mandarles dinero, aunque nadie se lo haya dictado, pero a la misma vez se siente menos hombre si su esposa tiene que salir a trabajar.

¿Cuáles son las costumbres que quieres mantener?

La realidad es que cuando cruzamos la frontera, no solamente estamos cruzando una frontera geográfica sino también estamos pasando a una cultura diferente, a un mundo diferente que hemos decidido adoptar. Es cuestión de borrar muchas de esas diferencias que no son importantes porque vienen del pasado, porque están dictadas por patrones de conducta de la sociedad del pasado. Podemos cambiarlas. Para acomodarnos mejor. Para poder funcionar mejor como pareja. Y así nuestros hijos también están participando en ese cambio. Creo que es conveniente que lo hagamos. No solamente la mujer debe cambiar la falda por un pantalón. Yo creo que también debe ponerse la falda y estar orgullosa de podérsela poner.

He escuchado en mi programa muchas llamadas de personas casadas durante diez o doce años que me dicen, "No, porque yo me casé con una mexicana y yo soy dominicano y por eso somos diferentes". O, "Soy mexicano y me casé con una americana".

Entonces, ¿qué quiere decir eso? O lo mismo que yo le pregunto, "¿Qué es lo que eso realmente quiere decir? Porque cuando te casaste con ella algo te atrajo, ¿no? ¿Qué es lo que te está molestando? ¿Cuáles son las costumbres que te están molestando?". Y realmente cuando empieza a describirlas no son básicamente costumbres americanas o mexicanas, simplemente son características personales de ese ser humano. "Ella quiere bailar todas las noches". Ella lo quiere hacer y tú no. Pero cuando se conocieron, te gustaba esa felicidad. Ella ha seguido igual y tú has cambiado.

Costumbres religiosas

Otras veces es el cambio en el compañero que nos preocupa. Especialmente cuando se trata de un cambio de religión, porque eso figura entre los valores más importantes de todo ser humano. Ya sea porque quieres religión, o porque no la quieres. Ya sea porque tu religión es parte de una cultura propia como la judía, o es escogida como la protestante o la católica.

Cuando una pareja se conoce con ciertas ideas espirituales o religiosas y a la mitad del camino quiere cambiar, tenemos que verlo como una señal de cierta intranquilidad emocional y espiritual. Y debemos explorar las razones y motivos por los cuales esta persona quiere cambiar de una religión a la otra.

He recibido suficientes llamadas de hombres y mujeres quejándose, "No, porque él no era así. Porque él era católico, nosotros íbamos a la iglesia".

No es que una religión sea mejor o peor que otra. Es que ustedes formaron una sociedad diciéndose, "Yo soy esto, esto y esto. Esto es lo que representa mi personalidad cuando me vaya a casar contigo". Pero ahora a la mitad del camino cambiaste uno de los valores que son importantes para ti.

¡Ojo! Que muchas personas se llaman, por ejemplo, católicas, pero jamás practican. Entonces, eso quizá haya producido un vacío espiritual en un miembro de la pareja, la cual conoce quizá a unas amistades que practican una religión, que se siente allí cómoda porque hay una vida social. Entonces, yo diría que combinado con lo que es la vida espiritual hay un sentimiento de comunidad que estaba faltando en esa relación. Además del dar espiritual.

A menos que lo estés usando como un instrumento. Hay muchas personas que ingresan en religiones, y al nivel del subconsciente saben que van a buscar o a añadir un problema más en una relación. Por ejemplo, si esa religión te dicta asistir cuatro veces a la semana a la iglesia, y tu compañero no cree en esa iglesia, significa que cuatro veces a la semana ese hombre va a estar solo o esa mujer va a estar sola en su casa refunfuñando.

¿Qué importancia tiene la religión para ti?

También las distintas costumbres en las distintas religiones pueden afectar a la pareja. Por ejemplo, en algunas no se pueden celebrar cumpleaños, ni se pueden celebrar fiestas. Y la cultura hispana es bastante fuerte en ese departamento. Entonces, claro, tenemos que mirar las cosas positivas de esa religión. Pero hay ciertos puntos en cada religión que tenemos que explorar antes de tomar una decisión.

El otro día me llamó a mi programa un muchacho judío enamoradísimo de una mujer que es agnóstica y contempla la religión como una tontería, como esto y como lo otro. Dije yo, "Bueno, tú me dices que estás enamorado. ¿Ella respeta tu religión?".

"No, porque piensa que es como el opio de los pueblos", dijo él. "Pero, yo creo que eso es por ahora".

Yo dije, "No, eso va a ser por siempre. ¿Es importante para ti tu cultura? Porque el judaísmo va más allá que una religión".

"Sí, es extremadamente importante. Yo asisto, y yo. . ."

Entonces, yo le dije, "Bueno, estás con la pareja equivocada. Sé que no me vas a hacer caso. Pero mantente con los ojos abiertos, pues eso te va traer problemas".

Si la religión es suficientemente importante para ti y tu esposa es de otra religión completamente opuesta a la tuya, la oportunidad de que esa pareja funcione es bastante limitada. La religión judía, por ejemplo, tiene una participación cultural y de comunidad muy grande y después, cuando vienen los hijos ¿qué van a hacer? Porque si algo es suficientemente importante para ti, debe también serlo para tus hijos.

Entonces, es algo que tienes que determinar. Los niños necesitan saber por lo menos en qué papá y mamá están de acuerdo. Y la religión es algo extremadamente importante.

Valores y el sexo

Sumamente importante también es el sexo.

Si hay una incompatibilidad en el área sexual, hay que dividirla en los distintos pasos que ustedes van a aceptar o no van a aceptar. Por ejemplo, puede que no estás de acuerdo con las películas pornográficas pero sí estás de acuerdo con el sexo oral, con hacer cosas creativas en la cama con tu esposo. Inclusive, puede que estás de acuerdo con el sexo anal. Siempre y cuando usen un condón, por las enfermedades que pueden ocurrir cuando ese tipo de sexo ocurre.

En efecto, pueden haber cambios en tus pensamientos. Pero cada individuo tiene el derecho de decir si quiere cambiar, si quiere darle permiso un poquitito, o no darle permiso ninguno.

> ## ¿Cuáles son los mensajes sobre el sexo que recibiste en tu niñez?

Por ejemplo, si provienes de un hogar donde del sexo no se hablaba, era un tabú, etc., ya el acto sexual te cuesta cierta timidez hacerlo porque vienes con ciertas programaciones de tu casa. Si tu esposo te dice un día, "Ah, yo quiero hacer el sexo oral". ¡Figúrate!

Por lo general, la mayoría de las mujeres con las que he hablado sobre ese tema y han dicho, "Ah, yo no hago eso", después, puede que cedan. Pero también el problema es que empiezan a decir, "No, que no me da placer". Pero esos son las trabas emocionales que efectivamente tú puedes tratar de cambiar. También es posible que puedas encontrar placer en darle placer a tu compañero.

He visto muchas mujeres que después de haber probado el sexo oral les encanta. Que al principio dijeron que no; al principio no les gustaba y después les fue gustando. Siempre que mantengamos bien clara la dignidad de la persona.

Yo creo que ese es el valor más importante.

Aquellos comportamientos que nosotros pensamos que pueden dañar nuestra dignidad, allí es donde yo creo que se puede más bien claramente decir, "No va a ocurrir".

Eso me lleva a la relación de pareja de una muchacha que posiblemente haya sido tan inocente como yo. Que haya sido criada en la misma forma que fui criada yo y que el hombre te diga, "Me gustaría que vieras una película pornográfica". Y si tú eres una persona abierta, eres joven, la vas a ver posiblemente. Ten cuidado. Eso no es malo si lo estás analizando, mirándolo como, "Ay, está interesante".

Pero ten cuidado si se convierte en hábito, si se convierte en la única forma en que este señor hace el amor, si se convierte en que las películas que estás viendo no son de un hombre y una mujer sino de grupos. Si se convierte en que te diga, "Yo tengo una fantasía, yo quiero que tú la actúes con otra mujer". Y eso no te gusta. Eso significa que tu espíritu te está diciendo, "No lo hagas".

Por ejemplo, he recibido muchas llamadas de mujeres que me dicen, "Mi marido tiene esta fantasía. Yo no quiero hacerlo, porque me siento como una mujer usada cuando él me pide que me acueste con otro hombre delante de él".

Entonces, él puede haberte pedido eso, pero si tus valores no son absolutamente ésos, no lo hagas. Hay valores que puedes doblegar, pero hay otros que no lo debes hacer.

He conocido también matrimonios que han

sido bien claros conmigo y me han dicho, "Nosotros disfrutamos mucho ver películas pornográficas juntos".

Y yo les digo, "OK. Entonces, no tienen problemas. Si ustedes dos están de acuerdo con algo, lo único que yo les pediría es que tuvieran mucho cuidado de tener todo bajo llave, para que mentes que no están listas para ver esto no lo vean. Básicamente, los hijos".

Explorando

Tienes que explorar quién eres tú para descubrir con quién estás. Lo que yo quiero es enseñarles a las personas que asuman responsabilidad, no sólo de quitarse el rol de víctima, sino de saber que el destino está en las manos de cada uno de ellos. Que pueden inclusive, no solamente lograr sus metas, sino hacer que las personas que los rodean que son significativos en su vida, como una pareja, puedan también ayudarlos a esa meta. Y para lograr esto es muy importante conocer las características principales de la gente. ¿Qué es lo que mueve a la gente? Ahí están los valores.

Reconociendo los temores

Los valores hablan de nuestros principios, pero los temores nos hablan de nuestra inseguridad emocional. Los temores son los causantes de celos, causantes de inseguridad, causantes de no querer seguir adelante.

Todos sentimos los temores. Desde tener miedo a perder alguien a quien amamos, de terminar una relación, o de comenzar una. Temor a envejecer, temor a cambiar de trabajo, temor a tomar decisiones y temor a la intimidad. Y todos esos temores pueden afectar a una persona y quizá la pueden canalizar negativamente en la relación de pareja por medio de los celos.

Por ejemplo, si tienes temor a no tener éxito en la vida y tu esposa está trabajando y siente como compasión con lo que está haciendo, estimulada por su trabajo, y tú estás en un trabajo que no resistes, pues vas a sentir celos de lo que ella está haciendo. Puedes, inclusive, interpretar y boicotear la situación comenzando a imaginarte libretos: "Ella le gusta el trabajo porque tiene alguien ahí que le gusta".

Entonces, tenemos que mirar estos temores como una realidad de la vida. Desde bien pequeños hemos sentidos temores. Yo creo que ésa es una de las realidades más importantes que tenemos: los temores no desaparecen porque crecemos o maduramos. Los temores siempre van a estar ahí. Y creo que mientras más rápido comprendamos esta verdad, más fácil podemos continuar adelante y saber lo que tenemos que hacer.

El temor es una realidad de la vida, no una

barrera al éxito. Tenemos el poder de educarnos para tener menos temores o para vencer nuestros temores. Podemos reconocer las causas de nuestros temores y, si no borrarlos por completo, por lo menos controlarlos.

En cuanto enfrentas tus temores, tomas responsabilidad sobre esos temores. No regalas tu poder. Cualquiera que sea tu temor, eres el responsable de manejarlo.

El impacto de los temores

Si no aprendes a manejarlos, los temores pueden afectarte no solamente con tus amistades, sino también en tus relaciones íntimas.

El temor a ser rechazada, por ejemplo, te puede causar aislarte. Y mientras más temor sientes, y más te encierres en ti misma, más te aíslas y más vas a sentir la posibilidad de rechazo.

O, por temor al rechazo de tus amistades te pasas la vida haciendo por ellas, hasta el punto que no puedes más. De que te has olvidado de ti misma. Estás cansada. Entonces viene el sentimiento, "Están abusando de mí. No me aprecian. Mira todo lo que yo he hecho". Pero realmente tú te pusiste en esa situación, porque nadie te pidió nada.

El temor a perder tu imagen te hace ser una persona con quien es muy difícil vivir. Pues siempre estás queriendo tener la razón, vas a esconder tus fallos, vas a mentir, no vas a ser honesta. Si las cosas te están yendo mal en el nuevo negocio, no le vas a decir a tu pareja lo mal que están hasta que ya hayas perdido todo. Ocurre con mucha frecuencia con las mujeres que hacen los pagos. Hay veces que, dadas las depresiones o la falta de autoestima, gastan más de lo que pueden, dejan de pagar algunas cuentas y no le dicen nada al marido hasta que están al perder la casa. Yo he recibido llamadas de esa índole en el programa mío en Radio Única. "¿Cómo le digo a mi marido que nos van a quitar la casa?".

> **Para lograr la intimidad total, tienes que permitirte ser vulnerable con tu pareja.**

Tener miedo a ser vulnerable significa que no vas a dar apertura a una relación real. No le vas a enseñar a la persona nada más que tu careta social. O la careta que crees que a esa persona le gusta. Hasta que te canses de esa careta. Entonces vienen los problemas.

Por ejemplo, puede afectar a la mujer en las relaciones íntimas. No le dice al marido que jamás ha tenido un orgasmo. Le hace creer que lo que él está haciendo es magnífico. Da los gritos necesarios, los movimientos necesarios, ya que el hombre no tiene ni idea de que no la está complaciendo.

En otras palabras, cuando te proteges demasiado de rechazos, de vulnerabilidades o del éxito, te estás limitando como ser humano. Eres un ser en una jaula. Y estás cómoda en esa jaula.

Los planos de los temores

Los temores se pueden dividir en distintos planos.

Vamos a comenzar por aquellos temores que nacen por una situación que acaba de ocurrir. Por ejemplo, tu esposo te fue infiel. Ahí te nace un temor. O puedes tener el temor a quedarte sola después de que los niños se van de la casa. Puedes temer ser violada, posiblemente porque fuiste violada anteriormente. Tuviste un accidente y tienes temor a incapacitarte.

Pero todos éstos que estamos mencionando vamos a ponerlos en lo que se le pudiera llamar nivel uno, plano uno: Temores que ocurren cuando una situación nace.

Bajo este mismo plano, vamos a dividir entre aquellos que nos ocurren y aquellos que necesitan una acción por parte nuestra. En esa segunda categoría puedes tener el temor a regresar a estudiar, a cambiar de carrera, a comenzar una nueva relación o a terminarla, a perder peso, a manejar, a hablar en público, a cometer errores o a hacer nuevas amistades. Todos caen en el plano uno. Son orientados por situaciones.

Los del plano dos son aquellos que realmente nacen de nuestro ego. La mayoría de ellos han nacido de nuestras experiencias en nuestra niñez. Ésos son el temor al rechazo; el temor a que te engañen; el sentirte indefenso; y el de perder tu imagen, por ejemplo, si cometes un error, "van a pensar menos de mí".

Entonces, éstos reflejan más los estados mentales tuyos. Reflejan más el sentimiento de tu propia autoestima y tu habilidad de poder lidiar con el mundo.

El plano tercero realmente es donde se nos da la respuesta a todos los temores que vimos en el plano uno y en el dos. "Yo no puedo. La razón que tengo temores es que no puedo. Tengo temor a no poder sobrepasar o manejar lo que la vida manda". Ese es el temor básico. "No puedo. No importa lo que sea, no puedo". "No puedo manejar enfermedades. Dios me ampare si alguien se enferma". "No puedo cometer errores". "No puedo perder el trabajo". "Yo no sé qué haré cuando me ponga vieja". "Yo no sé qué voy a hacer cuando esté sola". "No sé qué voy a hacer si pierdo mi dinero".

Básicamente, lo que tienes es temor al éxito porque no quieres manejar las responsabilidades que vienen con el éxito. La verdad fundamental es que si sabes que puedes manejar cualquier cosa, ¿cómo vas a temer a nada?

Para poder disminuir esos temores, tienes que

desarrollar confianza en tu habilidad de manejar lo que venga.

Aprendiendo a manejar los temores

Hasta que aprendamos a manejar nuestros temores, nuestros temores nos estarán manejando a nosotros. Muchísimas veces determinan la pareja que escogemos. Para casi todos nosotros, las primeras relaciones personales grandes están basadas en esos temores.

Por ejemplo, de tu niñez puede surgir la necesidad de tener una estabilidad económica, una estabilidad emocional, una estabilidad de comida, de techo. Si conoces a alguien que te está dando cariño, que te está dando una estabilidad económica, o te promete una, puedes sentir una gran atracción. Puede que sea una persona mayor a la que le estás poniendo una cantidad de características que a lo mejor la única que te ha presentado es como persona trabajadora. O que es una persona que está demostrando interés de salvarte.

Muchas personas se marchan de su casa a temprana edad en busca de estabilidad emocional porque están huyendo de los traumas emocionales de la casa—como para escapar de una situación que ha sido abusiva. Mientras más peligrosa es la situación donde estás, de tu origen, de tu casa, más rápido te aferras a cualquier tablita que por primera vez te presentan.

> **Muchas veces escogemos nuestra primera pareja como reacción a los temores de nuestra niñez.**

Pero más adelante, cuando ya te estás sintiendo un poco más segura te molesta el celo posesivo de esa persona. Entonces la pregunta es "¿Por qué saliste de la casa de tus padres?". "Porque mi novio se ocupaba de todo". Pero ahora te molesta que se esté ocupando de todo porque ya creciste en esa arena. O sea, que es muy importante determinar nuestras propias necesidades, y sí tenemos que estudiar y analizar cuáles fueron los temores principales de la niñez, pues te van a determinar la primera pareja.

Por ejemplo, si me dices, "Él es una persona muy cariñosa". ¿Es que tienes un vacío de cariño? ¿Es que tu tanque de amor está vacío? ¿Por quién? ¿Es tu padre? ¿Es tu madre? ¿Cuáles son las personas que estás pensando que no te han dado suficiente? O puede ser que te han dado mucho. Puede ser que has tenido un padre extremadamente cariñoso, que te ha dado de todo. Y ahora estás mirando un hombre, que es un hombre mayor, que es cariñoso, y le estás atribuyendo a esa persona una serie de características que personalmente son de tu padre.

Entonces, hay veces que escogemos pareja porque queremos copiar el modelo o porque queremos desechar totalmente el modelo.

Lo que tienes que examinar es ¿qué está detrás de esos temores? ¿Por qué? ¿Cuál es la necesidad que tienes porque esa persona te dio demasiado o no te dio? Puede ser el temor a estar sola, temor al aislamiento, temor a la inseguridad económica, temor a fallar. Necesitas que otra persona te resuelva porque no crees que eres capaz de resolver tú misma, o sea, baja autoestima. Un conocimiento, quizá equivocado, o quizá que ha sido el resultado de muchos años de que alguien te haya dicho eres una estúpida, tú no puedes. O sea, tienes que luchar contra los programas de la niñez, los programas negativos de la niñez. ¿Cuáles son?

Y ahí encuentras que estás casada con fulano y ahora estás protestando, y ahora tienes una infidelidad. Pero, ¿por qué fue que te fuiste con él? "Porque mi padre, mi hermano, mi tío, todos me abusaron". Entonces, vemos una cadena, y estamos resolviendo traumas de la infancia. Estamos abriendo el camino, limpiando el pasado para poder tener una relación que sea funcional.

Hay que aprender de las emociones del pasado. Hay que analizar tu presente para discontinuar ciertos patrones de conducta que te causan dolor y fallos en tu vida.

Las cadenas del pasado

Cuando eres un niño de un hogar donde hubo violencia o de padres alcohólicos o con adicciones, creces teniendo que lidiar con una crisis tras la otra. Niños que crecen con este tipo de adultos tienen temores. Se quedan fuera de lo que está ocurriendo, poniéndose en su mundo, para que el comportamiento que es totalmente irrazonable o es violento no les afecte a ellos. Dicen, "Bueno, si yo limpio la casa, si arreglo mi cuarto, si yo me mantengo en mi cuarto y no salgo, quizás esta persona no se altere".

Desarrollan una habilidad para sobrevivir el caos de ese hogar. Por supuesto que van a desarrollar los síntomas clásicos de la codependencia: autonegación, autoestima baja, van a envolverse con exceso en los problemas de otros. Esto te va a hacer aprender cómo leer los sentimientos de otros, cómo complacer a otras personas. Pero también te enseña a poder ignorar tus propios sentimientos. En un hogar así, los niños tienen temor a traer amistades. No traen a nadie a la casa. Entonces, se aíslan.

> **A menudo los patrones emocionales dañinos de la infancia se recrean en nuestras relaciones como adultos.**

Niños que crecen también en hogares donde la forma de salir de los problemas es trabajar con exceso, niños que salen de hogares donde los padres por razones "X" no se ocupan de ellos, puede ser porque están más interesados en jugar golf que en estar en la casa. O padres que son obsesivos, que tienen comportamientos obsesivos, tienen los mismos problemas que hemos mencionado aquí.

Tienes que tener cuidado cuando vienes de una relación disfuncional de niñez, porque entonces entras en un ciclo de negación, de paranoia, de vergüenza. Por tu deseo de complacer a tus padres, a todo el mundo, te niegas a ti mismo y continúas en una relación que es realmente una lealtad a una relación que no ha funcionado. Si tienes exceso de control propio, vas a ser una persona demasiada rígida. Vas a perder tu espontaneidad y vas a tener una dificultad muy grande en enseñar lo que son tus emociones y el afecto. Hay una gran diferencia entre control apropiado e inapropiado.

Por ese gran deseo de ser aprobado, de ser querido, de ser amado, te conviertes en una persona que quiere continuamente ser el centro emocional de una familia. Te preocupas de que todas las necesidades emocionales de esa familia se llenen. Eres el respaldo total de una relación con tu novio o tu novia. Al estar prestándole continuamente atención a las necesidades de los demás, por lo general, atraes relaciones que van a ser abusivas o en que tú solo eres la persona que está alimentando esa relación.

Si en tu niñez recuerdas que tus padres no te prestaban la atención suficiente o que para ganar el amor de tus padres tenías que hacer algo para atraer la atención de ellos, puede ser que entres en una situación donde te vas a castigar. ¿Qué quiere decir eso? Que vas a entrar en una relación que va a respaldar esa opinión que tienes de ti.

Esta relación te va a hacer sentir hambrienta de amor, va a desatar ira y va a crear un resentimiento. Tú eres la que está enamorada. Tú eres la que está dando la pasión a la relación. Tú eres la que está trabajando para que la relación funcione. Tú estás haciendo posible tu fantasía.

Por ejemplo, la mayoría de los momentos de contacto son hechos por ti, como llamadas, citas, continuamente estás tratando de ponerte en contacto con él, estás regalando siempre cosas. Él hace muy poco esfuerzo, tú haces todos los esfuerzos. Estás trabajando demasiado para mantener viva la relación o comenzar la relación. A lo mejor estás copiando el comportamiento de uno de tus padres. A lo mejor viste que mamá hacía eso para mantener la relación con tu padre. O sea, que te identificaste principalmente con la víctima, pensando que ese comportamiento fue el que mantuvo la relación.

Vamos a irnos al otro lado. Te buscas un compañero que está más interesado en ti que tú en él. Lo estás haciendo para protegerte emocionalmente. A lo mejor esa persona que te ama es como uno de tus padres y tú juegas el papel del otro. En tu cabeza siempre estabas pidiendo amor, y ahora él te lo pide a ti y no se la das. O sea, que no te sentiste amada de niña, entonces estás buscando revancha.

Pero eso es una relación totalmente tóxica. Esta relación te va a hacer sentirte obligada a amar. Te vas a sentir como si nunca te dan espacio. Te vas a sentir ahogada o ahogado. Pues te sientes que te necesitan demasiado. Te vas a sentir como si él te pide más de lo que tú puedes dar.

Cuando esto ocurre en estas dos relaciones, tienes que tomar una determinación. Si es una pareja incipiente, no has hecho compromiso y no hay hijos, definitivamente debes salir de esta relación. Si estás en una relación donde ya hay un compromiso formal, lo que debes es reconocer cuáles fueron tus temores. Debes hablar honestamente con tu pareja, decir de dónde salen estos temores y hablar de la niñez. Si la pareja también puede reconocer por qué él está haciendo así, esto va a abrir una comunicación honesta entre ustedes dos. Él o ella va a tener que aprender a respetar los espacios, a no ser una persona tan sofocante.

En otras palabras, con este tipo de comunicación abierta, analizando emocionalmente de donde vienen estos temores, va a haber una unión emocional. Va a haber crecimiento en la relación.

Terminando con los celos

Los celos están basados en temores. Hay un ejercicio que yo recomiendo que conlleva tres páginas. Éste es un trabajo de dúo. En cada página, pon el título que ves aquí a mano izquierda. Entonces, en la primera página, detalla todos los comportamientos de tu pareja que te molestan. Todos, sin comentario de parte de él. Segundo, trata de determinar cuál es el temor que te hace surgir estos celos. Tercero, vamos a escoger estrategias en conjunto para apaciguar esos temores. En esta página escribes situaciones donde vamos a afianzar nuestro amor. Pero eso lo tiene que escribir la persona que tiene los celos, juntamente con la pareja.

Cuando las personas hacen este ejercicio, toman control de sus celos. A menos que haya razón de tenerlos.

Compartan los temores para que crezcan los amores

La pareja que se quiere llevar bien debe hablar sobre los temores de cada cual, reconocer cuáles

Lidiando con los celos

Primera página:	Ejemplos
¿Cuáles son los comportamientos que te causan los celos?	¿Ella ha estado llegando tarde del trabajo?
	¿Está pasando mucho tiempo fuera de la casa con amigas?
	¿Se viste de una manera muy llamativa?
Segunda página:	
¿Cuál es el temor tras estos celos?	¿Es el temor a ser abandonada?
	¿Es el temor a que se burlen de mí?
Tercera página:	
¿Cuáles serían las situaciones o comportamientos que me harían sentir menos celos?	¿Podemos tener ocasiones donde me puedes llamar por teléfono desde el trabajo?
	¿Puedes dejar de ver a los amigos tan a menudo y pasar más tiempo en casa?

son los temores de la pareja para ayudarla, para ayudarse mutuamente. La pareja continuamente tiene que estar hablando de sus desvelos, de sus necesidades y de sus temores. Si una pareja no puede hablar de los temas mencionados al igual que puede mencionar ir a un baile e ir a fiestas, esta pareja está basada en algo que no es real. Está basada en una fantasía.

En mi programa en Radio Única, he tenido hombres que me han llamado muy preocupados porque sus esposas le tienen temor al sexo. Han escuchado el programa y han reconocido que hay una posibilidad de que ellas hayan sido abusadas. Y han aprendido que si ese es el temor de ellas, la mejor forma de tratar ese caso es siempre pedirles permiso antes de hacer el amor. "¿Mi amor, te sientes bien hoy para hacer el amor?".

O sea, que el conocimiento de los temores de los individuos en la pareja nos ayudan a levantar la autoestima, a tener compasión y, al final, a amarnos mucho más.

Todo este tipo de cosa creo que nos lleva al camino del verdadero amor. Nos prepara de alguna forma, todas estas experiencias, con papá, con mamá, con amigos, con todos aquellos seres humanos que quieren darnos amor para el amor—no él que nos va a buscar para el sexo, sino el amor. Nos prepara para ponernos en el camino de buscar la pareja. Porque entonces sabemos diferenciar.

No es, "Me voy a vivir con él porque no tengo quien me mantenga". No, porque tú te puedes mantener. Aunque tengas que vivir en un huequito.

No es, "Me voy a ir con él porque mi papá no me quiso y él se parece mucho a mi papá, así que voy a ver si lo puedo cambiar a él". No es, "Me

voy a ir con él porque me siento muy sola".
Porque estás contenta de estar contigo misma. Y
además, no estás sola. En este planeta es muy
difícil estar sola. Hay tantas personas que nos
pueden necesitar. Hay tantos trabajos comuni-
tarios que podemos hacer. Hay tanta ayuda que
podemos dar a otros que no tienen a nadie.

> **Identificar y confrontar tus temores te
> ayuda a tener éxito en tu relación.**

La mayoría de nosotros, como seres humanos,
crecemos por medio de las relaciones. Crecemos
por medio de las experiencias que compartimos
juntos. Pueden ser buenas, y pueden ser malas.
Porque las relaciones, aunque nos traen mucha
felicidad, también nos traen muchos momentos
de tristeza. En esos momentos de tristeza, creo
que es cuando más nos encontramos con oportunidades para el crecimiento.

Cuando estamos en una relación y nos
topamos con quizá una mentira y la explosión es
grandísima porque mintió, preguntémonos
nosotros mismos si alguna vez hemos mentido.
Puedo garantizar 100 por ciento que sí hemos
mentido. Entonces, quizá hay algo dentro de ti
que no te has perdonado. Y tienes que perdonarlo.
Que esa mentira de tu esposo no la uses como un
flagelo, como para castigarlo. Sino para decir,
"OK. Mentiste". Pero pregúntate a ti misma, ¿por

qué esa reacción tan grande? Quizá es una mentira tuya que no has logrado enmendar. Quizá es un
secreto que guardas parecido a lo que él te dijo o
ella te dijo. Miremos las oportunidades de dolor
como oportunidades de crecimiento.

Descubriendo tu pasado

Para llegar a reconocer nuestros patrones de
conducta y las influencias del pasado que los
están causando, tenemos que revisar lo que está
sucediendo en nuestro presente.

Todo esto suena muy bonito, pero si no se
para la lectura en este momento y realmente
contestas estas preguntas por escrito, no vas a
lograr cambiar tu vida. Es muy natural apuntar
con el dedo, o culpar a otros de lo que nos
ocurre, en vez de aceptar la respuesta que
nosotros somos los responsables de nuestra
vida. Si continúas culpando a los demás, jamás
arreglarás los problemas tuyos.

Yo recomiendo que encuentres un lugar tranquilo, como para meditar, donde no va a haber
interrupciones. Siéntate ahí con papel y escribe
tus respuestas a las siguientes preguntas.

Reconociendo los patrones del pasado

- ¿Qué está ocurriendo en mi vida que no me
  gusta? ¿En mi vida personal? ¿En mi vida

social? ¿En mi vida emocional?

- ¿Cómo fue que yo contribuí a esto? Eso indica aceptación de la contribución tuya al fallo, y te hace analizar más.
- ¿Es que confié ciegamente? ¿No le presté atención a las muchas señales de peligro? Quizá nunca aclaré cuáles eran mis necesidades.
- Cuando algo ocurrió que no me gustó, ¿actué con dignidad y respeto? ¿Demostré desagrado sin herir a mi compañero?

Cortando las ataduras del pasado

- ¿Qué tengo que hacer para cambiar? ¿Cuáles comportamientos tengo que abandonar y cuáles comenzar para cambiar la situación?
- Identifica las veces en tu vida—mientras más veces pongas más vas a sacar—que te has permitido actuar como la víctima.
- ¿Cómo fue que actuaste en estas situaciones que permitieron que fueras la víctima? ¿Cuáles fueron los comportamientos que exhibiste?
- ¿Pensaste en algún momento que fue la vida que te pagó o te jugó una mala pasada? ¿Por qué permito esto?

> **El primer paso para el éxito en el amor: conocernos a nosotros mismos**

CAPÍTULO 2

Paso 2:
Conocer a nuestra pareja

Si estamos dispuestos a dar aquello que buscamos, mantendremos la abundancia del universo circulando en nuestra vida.

Deepak Chopra,
'Las siete leyes espirituales del éxito'

Cuando estamos conociendo a alguien, tenemos que comprender que la mayoría de las personas se ponen una careta social. Por lo menos por los primeros tres, cuatro, cinco meses. Muchos sólo muestran lo que se imaginan que tú quieres ver para lograr su propósito: "Yo quiero darte esta careta porque sé que ésa es la que te interesa a ti, para lograr acostarme contigo".

El sexo muchas veces es el "smoke screen", como lo llaman en inglés, la cortina de humo, para no poder ver realmente quien soy yo. "Te voy a enseñar mi potencia, te voy a enseñar esa parte, el aspecto físico mío, lo que yo puedo hacer con mi cuerpo, pero no te voy a dejar ver lo que hay adentro".

Entonces, cuando una persona no está deseosa de quitarse la careta social para hablar contigo, no te quitas la ropa. Si no se quita la careta, no te quitas la ropa. Sin esa intimidad emocional, espiritual, no se debe llegar al sexo, a menos que quieras decidir que esta relación es solamente sexual.

Si has tomado esa decisión, no le pongas otra cosa a la situación. Lo que sí protégete, evita tener enfermedades venéreas, porque ésa es tu responsabilidad. Tu cuerpo es tu templo y tienes el deber de protegerlo. Yo con estas palabras no estoy recomendándole a nadie, ni me gusta la idea de solamente el placer sexual por el placer sexual, porque si vamos a ver el placer sexual te lo puedes dar tú misma.

Pero si de verdad estamos buscando la pareja, tenemos que estar preguntando, "¿Somos receptivos a las necesidades de la pareja?". "¿Estamos dispuestos a escuchar los problemas y las necesidades de esa pareja?".

El error que muchas personas cometen es que en los primeros dos días les dicen que si el padre las abusó. No, yo creo que se debe conocer cómo fue tu niñez, qué hiciste acá, qué hiciste allá, qué estás estudiando, cuáles son tus sueños antes de contarle todas las cosas íntimas de tu pasado.

Lo que sí debes hacer es mostrar tus emociones. ¿Puedes mostrar tus emociones y comunicar tus sentimientos? Si nunca lo has podido hacer porque tienes miedo a quitarte esa careta social, la pareja que vas a escoger no va a ser la correcta. Porque le estás dando lo que tú piensas que esa persona está buscando, y no la estás dejando ver realmente lo que eres, ni lo que estás buscando.

> **Pregúntate, ¿cuáles son las cualidades de mi pareja que me atraen?**

Es más, yo creo que cuando con una persona sentimos ese llamado profundo—¡Ésta es!—tenemos que analizar más allá de lo que es esa reacción química, esa atracción tan grande. Cuando recibimos una llamada así, tenemos que preguntarnos, ¿Por qué? Si es meramente el físico de la persona, la envoltura de la persona, tenemos que preguntarnos ¿por qué nos estamos fijando tanto en lo que es el exterior? ¿Es que el exterior de nosotros es menos? ¿Y necesitamos que esta persona nos dé su físico?

O sea, que estamos decidiendo que nos vamos a quedar así solamente en lo físico, pero no queremos ir adentro porque no queremos compartir lo de nosotros adentro. Hay una serie de preguntas que hay que hacer. Nos tenemos que preguntar si esta relación es meramente para algo que vamos a hacer, que vamos a tener como una atracción sexual. Una atracción de "Nos vamos a divertir. Vamos a ir a bailar. Vamos a ir al cine". O ¿es que tú de verdad quieres pasarte el resto de tu vida con esta persona?

Por eso, el segundo paso para el éxito en el amor es conocer a nuestra pareja.

Lo que está detrás

Por lo general, la gente cuando hace algo tiene por detrás de ese algo un motivo totalmente escondido. Para descubrir el motivo real, para comprender a la persona con quien estás tratando y reconocer qué es lo que quiere de ti, tienes que investigar qué es lo que la mueve.

Por ejemplo, si tienes una persona que continuamente te está dando y dando y dando: "No, no. Yo te resuelvo el problema. Yo te voy a dar un cheque para que puedas pagar la casa hoy". Pregúntate por qué lo está haciendo. ¿Qué es lo que quiere? ¿Es porque es una persona caritativa? O, ¿es porque quiere algo de ti?

Casi todo el mundo, cuando le estás proponiendo algo, la primera pregunta que le viene en su mente es, "Oye, ¿cuál es el beneficio de todo esto para mí?". Porque eso es lo que es la naturaleza humana. "¿Qué es lo que me conviene a mí de todo esto que tú me estás diciendo?". Por ejemplo, "Tú dices que queremos comprar una casa. ¿Por qué me conviene a mí comprar una casa?".

Si esa persona con la cual tú estás de pareja en su mente él está diciendo, "No, yo no quiero comprar casa contigo porque yo tengo una mujer en México y tú no lo sabes. Yo donde quiero tener la casa es en México, y no la voy a poner a tu nombre".

Cómo conocer sin preguntar

Para conocer de verdad con quién tú estás y qué es lo que lo mueve, tienes que hacer como un inventario, sin tener que hacer un interrogatorio.

Son preguntas que siempre las tienes dentro de la cabeza. No necesariamente te vas a sentar con tu pareja y le vas a sacar la lista y le vas a hacer las preguntas. Sino que básicamente, en el transcurso de conocer una pareja, una persona, le puedes inclusive decir, "Ay, mis sueños son de que algún día yo pueda tener una finca donde mis hijos van a crecer libres, con la naturaleza..."

Viste una película, viste que la protagonista era una persona muy materialista, que por eso la relación se terminó cuando el hombre no pudo producir el castillo que ella quería; no le interesa. Entonces, mira a ver cuál es la reacción de ella cuando ustedes lo comentan.

Recuerdo una película europea en la que yo me levanté del cine y me fui. Hace muchos años. Yo estaba con mi novio, mi futuro esposo. En una parte de la cinta, la mujer se estaba masturbando. Era una visualización bien clara. Y me hizo sentir poco confortable conmigo misma. ¿Por qué ocurrió eso en aquella época? Porque en aquella época era otra Isabel, no la que ustedes conocen de Radio Única. Era una niña muy inocente que había sido criada de una forma donde esto era tabú, el masturbarse. Era inconcebible que una mujer abriera las piernas en una película y estuviera tocándose claramente. Salí, pero eso fue tema de conversación.

Él me preguntó, "¿Pero por qué?" Él venía de un mundo donde había aprendido mucho desde muy niño. Me dijo que eso es natural, es normal. Porque ésas habían sido sus experiencias.

Yo le dije, "Yo no he tenido esa experiencia. A mí me han dicho que eso es pecado".

Lo que le demostró a mi esposo que mi comportamiento se debía a la forma en que me criaron, a la forma como me enseñaron. Pero al mismo tiempo, lo escuché. Estuve abierta a escuchar lo que él tenía que decir. No me dejé llevar solamente por lo que él decía. Después leí otras fuentes. Eso me abrió el camino a otros libros, a otras cosas. Pero por medio de esa conversación, aprendí también cuáles habían sido sus experiencias. Sin ponerles el título de buenas o malas, sino sus experiencias.

La forma como él trató eso conmigo fue muy natural y muy especial, y con respeto. En ningún momento sentí que él estaba imponiendo sus ideas en mí, sino que me estaba diciendo, "Abre tus puertas a otras posibilidades".

Siempre puedes, y debes, decir dentro de ti, "Bueno, esto me hace sentir bien o mal". Lo tienes que comparar con tus propios valores, tus propias creencias.

Todas las películas tienen su mensaje, y tenemos que buscar aquellos que nos ayudan a conocer la pareja. A ver cómo reaccionan. Para ver cuáles son sus verdaderos valores. Y, hasta cierto punto, vienen a servir para aquellos que no han tenido bien formados sus conceptos morales, como una especie de educación moral. Yo creo que para aquellas personas que no han tenido ni el tiempo ni la inclinación a pensar en respuestas a situaciones de la vida diaria, éste es el momento de hacerlo para conocer cuáles son sus reacciones. Y a lo mejor, inclusive, si son suficientemente flexibles, pueden ayudarlos a cambiar de idea.

Este tipo de cosa no tiene que ser caro. Se puede ver esa película en una casa, se puede ver en otros lugares. Siempre y cuando, si se están conociendo, que no vayan de la sala para el cuarto. Porque desde el momento que incluimos el sexo en estas cosas, se detiene la enseñanza de los valores. Es muy fuerte. ¿Qué es lo que te va a gustar más a ti? A ver, vamos a ponerlo en una balanza, ¿ver una película o hacer el amor?

Conocer y crecer

Yo digo que las películas son uno de los instrumentos más interesantes para poder saber los puntos de vista de una persona. Es muy importante que la pareja salga, vaya al cine, comparta lo que vieron. Se expliquen lo que les gusta o no les gusta. Explora. Preguntarle de dónde vienen esos valores, de dónde vienen esos principios.

Creo que hay muchos instrumentos que nos dejan llegar a él. Por medio de ir a un cine. O de leer una novela. Es compartir instrumentos, inclusive de novios, que nos van a dejar explorar qué sientes por ese hombre, y vas a conocer un poquito más, indirectamente, cuáles son sus valores personales.

Debes buscar situaciones de la vida diaria, de la cotidianeidad, para encontrar respuestas a los valores de la pareja con quien tú sales, sin tener que decir, "Aquí tengo un cuestionario. Mira, tengo este libro y te voy a hacer preguntas". Hay que ir indirectamente.

A veces estos temas pueden surgir en una conversación y puedes tomar la oportunidad para indagar. Por ejemplo, si estamos hablando de infidelidad y ya tú has tenido meses de conocer a tu esposo, pregúntale, "¿Y cómo eran tu mamá y tu papá?". Un hombre que ha nacido en un hogar donde el papá siempre fue infiel, esto no significa que él vaya a ser infiel. Pero observa la reacción de él. Por ejemplo, puedes decir, "Mi padre continuamente hizo sufrir a mi madre por infidelidad y me he jurado que eso no lo voy a hacer yo".

Este cuestionario no es para hacer como un detective de policía, sino para buscar puntos en común. Para ver en qué forma se pueden conectar mejor. Si nunca han explorado música y le preguntas, "Bueno, ¿alguna vez has escuchado música clásica?". Y él te dice, "No, a mí me gusta rock and roll". Si a ti te gusta la música clásica, a lo mejor puedes algún día explorarla con él, hacerle una comida especial, combinarlo con algo que le gusta, algo que a ti te gusta.

Porque eso te va a dar pie a poder desarrollar con él otras uniones emocionales. A lo mejor el hombre es una persona que toda una vida ha querido ser un contratista o construir casas, y todo lo que ha podido hacer es estar en una oficina vendiendo seguros. Entonces, tú como mujer puedes decir, "Bueno, ¿y por qué no empiezas a tomar algunos cursos? A ver si de verdad te gusta, porque si eso era un sueño que tú tenías, a lo mejor lo puedes lograr".

Si, por ejemplo, éste es un hombre que

nunca ha tenido la oportunidad de tener ningún deporte, no le interesa nada, entonces, dile, "Tú sabes que yo nunca he ido a pescar. ¿Por qué no vamos a pescar un día?". Y tratarlo de hacer, sin tener que gastar mucho dinero. Se van a un lugar donde alquilen todo el equipo, y van en un bote, y van a pescar, y van a ver que hacen con eso.

Temas de discusión para conocer a tu pareja

Tu pareja no llegó al mundo en el momento que la conociste. Viene con todo una historia, con una vida llena de experiencias. Para conocerlo de verdad tienes que mirarle sus comportamientos actuales y también conocer detalles de su pasado. Aquí ofrezco unos ejemplos de las preguntas que debes hacer.

1. ¿De dónde son los padres? ¿Cómo fue la niñez? ¿Dónde viviste? ¿Fue en el campo, fue rural, fue en la ciudad? ¿En qué forma te entretenías de niño? ¿Qué hacías en la escuela? ¿Cuáles eran tus cursos favoritos?

2. ¿Alguna vez tuviste una meta? ¿O un sueño que no has logrado? ¿Cuál te gustaría hacer?

3. ¿Cuáles son los valores de esta persona? ¿Es el dinero y el éxito lo que la mueve?

¿Qué admira más? ¿Fuerza de carácter? ¿O compasión? ¿Cuál es la ética que lo mueve? ¿Es una ética cristiana? ¿Es una ética socialista? ¿Qué es lo que lo mueve?

4. ¿Cuáles son las posiciones que tiene, la filosofía de la vida? ¿Cuáles posiciones son totalmente rechazadas y cuáles abraza? ¿Es positivo o negativo en su forma de mirar a la vida?

5. Qué espera de la vida? ¿Cuáles son sus creencias sobre lo que es la vida? ¿Cuáles son sus ambiciones? ¿Y cuáles son sus anhelos? "Ah, quiero tener una casa, un carro BMW, y a lo mejor..." En otras palabras, su enfoque es más materialista que espiritual.

6. ¿Cómo se siente con sí mismo? ¿Es el tipo de persona que si no estás al lado de ella 24 horas al día siente que no la amas? ¿Que no la quieres? ¿Tienes que estarle dando continuamente respaldo? Recordamos que hay épocas en la vida cuando las personas pueden pasar por etapas. Pero no que esa persona siempre sea igual.

Prototipos y parejas

De cierta forma, la vida es como el cine. Cada película es distinta, pero todas caen en ciertos géneros. Puede ser un romance, una comedia o una aventura. Entre cada uno de esos, por distintos que sean los protagonistas, los papeles van a ser similares.

En eso, las relaciones se parecen. Aunque los factores e influencias que nos van impactando y moldeando son únicos para cada uno, y aunque todos somos individuos singulares, nuestros patrones de conducta pueden caer en ciertas categorías. Pero como somos los protagonistas de nuestros propios libretos, muchas veces no nos damos cuenta de que estamos jugando un papel. Tampoco notamos cuando esos papeles son tóxicos para nosotros y nuestra pareja.

Unos hacen más daño que otros.

La víctima

A nadie le gusta una víctima. A todo el mundo le gusta estar con alguien que tiene un poder personal, porque no carga. Con ese sentimiento de ser indefenso, de no poder, de no ir adelante, vienen sentimientos de depresión que inclusive la pareja los siente.

Al principio, el tipo de hombre que le gusta salvar a la gente se va a sentir orgulloso de que te está ayudando. Pero después de cinco años en la jornada, ya lo estás ahogando. Va a estar pensando, "Chica, ¿tú no puedes hacer algo con tu vida? Déjame tranquilo". Se siente entonces atraído hacia lo contrario, o encuentra otra persona que le dé una nueva energía. Porque está vacío de esa energía.

También tienes la posición de hombre que es

la víctima. Entonces, con la relación extramarital se siente que una mujer lo va a salvar. Y a lo mejor la esposa fue igualita, el mismo patrón, pero ya se cansó de ser la que lo estaba salvando. Ahora dice, "Éste no sabe trabajar. No me hace esto. No me hace lo otro". Porque esas son las llamadas que yo recibo. Encuentro el hombre que siempre ha jugado el papel de pobrecito. Se consigue una mujer fuerte que lo ayuda. Pero precisamente porque la mujer es fuerte, va creciendo, y a los dos o tres años ya se cansó del papel de maestra, madre, etc.

Yo creo que esos roles son intercambiables. Porque hoy en día lo estoy viendo. Vemos principalmente la víctima en el hombre cuando ha habido cierto abuso a nivel de niño. Pero es más común en la mujer, dada la sociedad en que vivimos.

El miembro de la pareja que está haciendo de víctima puede haber asumido ese papel en su relación de niño en una familia disfuncional. Se identificó con la víctima, le dio lástima la víctima. Ser víctima te pone en una posición en que responsabilizas a la otra persona por todos los problemas que tienes. Asumes que el mundo te debe a ti porque el mundo es injusto contigo. Y continúas con ese papel, buscando personas que son más fuertes que tú para que te salven, para que te rescaten. O, que te castigan, que te tratan como la víctima que tú piensas que eres.

El niño y el discípulo

Éstas son variaciones de la víctima.

El niño es el tipo de hombre que no quiere crecer. Necesita siempre que lo atiendan, que lo cuiden. Está en competencia con los hijos y le molesta todo lo que tenga que ver que le quite la atención de la esposa. El niño tiene el comportamiento de ser indefenso como la víctima, y por eso es que necesita una madre o una maestra o algún adulto que lo tome por la mano para guiarlo y protegerlo. La diferencia entre este patrón y el de la víctima es que el niño busca más que hagan por él, no que abusen de él.

Otra relación que también viene de la niñez es la que se puede llamar el discípulo. Eso es cuando tienes un ídolo en tu niñez, ya sea mamá o papá, y que ves que has tenido éxito con esa relación. Entonces, te enamoras de alguien que piensas que es mejor que tú. Eso se ve con mucha frecuencia, por ejemplo, en la enfermera con el doctor, secretaria con el jefe, feligreses con un sacerdote, actriz con un director.

Por lo general, en esa relación hay un miembro de esa pareja que está puesto en un pedestal. El discípulo, entonces, le pone el control, el poder y todo a esa persona. Él no está en control. La otra persona es la que tiene todo el poder. Casi siempre, estas personas se casan con alguien que está deseoso de control, que puede ser alguien como el salvador, el escultor o el castigador.

El salvador

Éste es el que salva. Es cuando entras en una relación porque necesitas sentir que eres importante, necesitas sentir control. Entonces, buscas una persona a la cual quieres salvar, una persona que tiene serios problemas emocionales, físicos o financieros.

El compañero en esa pareja se siente indefenso, que es una víctima, y tú vas a ser el responsable de calmarlo, respaldarlo. Es una posición de poder. Eres el respaldo de todo.

Esta situación principalmente ocurre cuando vienes de una familia disfuncional donde posiblemente alguien en la familia estaba siendo víctima y tú querías respaldar esa persona de importancia. Por ejemplo, lo vemos muy comúnmente en casos de hijos de alcohólicos, donde hay un hijo que siempre se identifica como él que ayuda a mamá o papá cuando venía la violencia. Entonces eras quien defendía, quien trataba de salvar. Y, como adulto, sigues con ese papel que has jugado desde que eras bien pequeño.

El escultor

Éste es él que quiere cambiarte, que te está viendo como materia prima—y él te va a formar. Por supuesto, comienza diciendo, "Ah, te ves mejor con el cabello rubio" o, "compré estos vestidos para ti".

No es que eso en sí sea malo, pero esa otra

persona que se ha dejado hacer posiblemente venía desde el punto de vista de víctima. Puede que haya sido muy joven, y normalmente cuando las personas maduran reaccionan muy negativamente. Ya después de que la han vestido, la han arreglado, viene como un revés. Entonces dice, "¿Por qué? Si yo puedo escoger".

Tenemos también la que se enamora, y esto ocurre principalmente con las mujeres, asumiendo que van a ser las protagonistas del libreto de éxito que tienen en sus mentes. O sea, que proyectan el potencial para hacer de otros lo que no creen que pueden ellas mismas ser. Tienen sueños de grandeza. Entonces, se enamoran de alguien que potencialmente puede ser un buen proveedor porque eso es lo que tienen en la cabeza. Pero quieren mejorarlo. Es una relación tóxica porque se unen a estas personas por un deseo que ellas tienen. Es como un proyecto y ellas son las directoras del programa.

Si eres así, ¿por qué lo haces? Porque quieres estar en control otra vez. Te sentías rechazado cuando niño. Y al escoger alguien así puedes volver a sentir lo que sentiste de niño y así continuar esperando. Te quedas siempre con la esperanza de que va a haber un cambio, que necesitabas algo. Ahora escribiste el libreto y no tú sino la otra persona es la que va a llevarlo a un éxito o a un fracaso. No tú.

¿Qué vas a sentir si entras en esta relación? Estás actuando realmente como un libretista, hasta cierto punto como un padre, no como una esposa o amante, o como esposo o amante. Vas a sentir cierta desilusión pues por lo general ese sueño no va a ocurrir, tu fantasía no se va a cumplir. Principalmente porque mientras vas creciendo en una relación, la otra persona va a empezar a tomar en cuenta también cuáles son sus necesidades y no va a querer resolver tus sueños sino los de él o de ella.

O, después de que hiciste el libreto y efectivamente la parte positiva que este hombre logró crecer, este hombre después de que llegó a la cima te dice, "Ya yo no estoy enamorado de ti. Me voy con otra". Porque por lo general la persona cuando lo logre se va a sentir que ha sido manipulada. Se va a sentir que has estado siempre controlando. Ahora le va a encantar el rol de que él ha tenido éxito y ahora esta otra mujer lo admira.

El comendador, el juez, el maestro y el rey

Éstas son variaciones de las personas controladoras.

El juez siempre está juzgando, y son raras las veces que sus enjuiciamientos son positivos. El rey es parecido, pero ordena mandatos que se tienen que cumplir porque él es el rey. El problema es que no te trata como una reina. Sino que te trata como una princesa. "Tú no sabes nada. Tienes que hacer lo que yo digo".

El maestro es más bondadoso, pero siempre te

está mirando como una estudiante que él necesita instruir. Siempre está enseñando. Y cuando su alumna crece y se cansa de las lecciones, la relación va mal porque el maestro jamás piensa que puedes graduarte a ser su compañera de verdad.

El comendador es de las personas que tienen temor a perderte. Entonces, en vez de ayudarte a ser lo mejor que tú puedes ser, te va a tratar de esconder en una cápsula. Ya sea por gordura. Ya sea porque no te va a dejar trabajar. No te va a dejar inclusive ver a tu familia. O tener amistades. O ir a la escuela. Porque de esa forma tú eres la esclava.

El castigador

Otro controlador, pero éste odia a las mujeres y se casa para castigar.

Muchas veces, el castigador fue abusado como niño y ahora está buscando su revancha con la que tiene a su lado. Tú las vas a pagar todas. Todo lo que hizo mi mamá o mi papá, lo vas a pagar tú. Ese tipo de relación es muy, pero muy difícil de arreglar porque está basada en el odio. Ni siquiera hay aquello de que puedas decir, "OK, yo quiero que tú tengas el control o yo quiero tener el control". Esto es cuestión de simple y llanamente la va a cobrar.

Eso ocurre no solamente cuando has tenido un miembro de tu familia, de niño, papá o mamá que te ha hecho daño. También puede suceder si la primera, la segunda relación—o las dos—te han hecho daño. Ese patrón ocurre con frecuencia en hombres y mujeres. En el hombre principalmente empiezan como a tenerle odio a las mujeres y cada mujer que consigue es para hacerle daño. En la mujer, lo que ocurre es que tienen temor a la intimidad y no dan a ver sus sentimientos.

Otra variante es el abusador emocional. Ése, creo que cabe en la persona que le gusta dar celos. El abusador emocional lo que le gusta más que nada es tener el total control de la pareja. Porque de esa forma él puede echar la culpa a todo lo exterior y nunca darse cuenta de lo que tiene por dentro. Nadie puede tener tiempo para mirar hacia dentro de lo que él es.

El abusador emocional trata de ultrajar el carácter de la persona. Comienza por querer conocer tus debilidades, para más adelante utilizarlas para degradarte con otras personas. Inclusive, delante de esas personas.

Este tipo de castigador causa enfrentamientos emocionales continuamente, negando lo que sucedió. Te hace creer que lo que dijiste y lo que viste, ni lo dijiste, ni lo viste. Y llega el momento que él que recibe ese tipo de tratamiento empieza a dudar de su propia realidad. Por supuesto, va a perder credibilidad, no solamente delante de sus propios ojos, sino de los de las personas que están observando estas cortinas de humo que está creando.

El abusador emocional constantemente está

creando caos. Vive en una constante carrera. Hay un continuo hostigamiento sexual. "Tú a mí no me das lo que yo quiero". Y cada vez las exigencias son mayores. Porque no lo vas a complacer. Él quiere tener el absoluto control del que tú nunca te vas a sentir cómoda con él, o con ella. Porque las mujeres lo hacen también.

Entonces, la pareja, para complacerlo, se culpa por todo las acciones del abusador. Dice, "No, no. ¿En que forma te voy a complacer para que no mires a las mujeres, para que no tengas infidelidades, etc.?". Y así se va destruyendo su autoestima y va creciendo su inseguridad.

El conquistador, el Don Juan y el narcisista

El resultado puede ser igual, aunque las motivaciones no las son, con el conquistador y su variante, el Don Juan, que es el infiel habitual. Éste posiblemente no mira a las mujeres con odio, pero sí con desprecio. Ellas existen sólo para su satisfacción, y mientras más puede conquistar, más orgulloso—más hombre—se siente. Este tipo sufre de un vacío emocional. Tiene temor a la intimidad. Puede ser por temor a ser abandonado, que es el resultado de una herida en su niñez.

Pero por cualquiera que sea la razón, este tipo sufre de una inhabilidad de poder ver a las mujeres en todas sus dimensiones. Para él son sólo un cuerpo físico.

En eso se parece mucho a la persona que se enamora del envase, el narcisista, que puede ser hombre o mujer. "Porque los ojos azules que él tiene. Por los seis pies, dos pulgadas que tiene. Porque qué cuerpazo tiene". Debe preguntarse, "¿Si no tuviera esos ojos, yo seguiría con él?". No nos olvidemos que los años al pasar tienen cierto impacto y ese cuerpazo de hoy no siempre va a lucir igual.

El abusado

Otro caso es el abusado, que sufrió abuso sexual, físico o emocional. Lo que tenía como habilidades fueron criticadas. Le dijeron exactamente lo que tenía que estudiar o dijeron, "Tú eres muy bruto. Tú no puedes estudiar".

Debido a esa relación que tuvieron en su infancia, toman una decisión de que nadie los va a herir jamás. Entonces, lo que ocurre es que escogen a alguien precisamente que no les puede corresponder totalmente. Escogen a alguien que realmente los va herir, pero no a nivel íntimo.

Por eso muchas personas que tienen violencia doméstica en el hogar, es increíble, les dan golpes de todos colores, pero, sin embargo, solamente después de mucho, pero mucho golpe reconocen que sí han sido heridos. Es como si que tienen una coraza para el dolor físico. Solamente cuando los golpes son tan duros que rompen esa coraza, es entonces que reconocen que tienen que hacer un cambio.

Escogen alguien que básicamente va a continuar castigándolos. Porque eso es lo que ellos reconocieron en la niñez. Es una característica que uno ve muchísimo en las personas que padecen de violencia doméstica, que atraen precisamente a la gente que las van a abusar, hasta saben que las están escogiendo.

Es más, acuérdate que la mayoría de las parejas hablan un poco del pasado, "No, porque mi mamá me abandonó". Entonces esa persona sabe de qué pie cojeas. Y eso atrae a hombres que quieren tener control completo de la mujer. Saben que pueden aislarla de la familia porque la familia realmente la hirió. O la familia no quiere nada que ver con eso.

Violencia doméstica

Detrás de todos los casos que he trabajado de violencia doméstica hay celos. Hay una inseguridad personal, del que comete la violencia, y del que la recibe. Temen no ser aceptados. Ser rechazados. Piensan que "si yo hago que mi novia, que mi pareja, que mi esposa, esté totalmente aislada, que no tenga amistades, que no tenga nadie que le diga, pues no va a ver mis inseguridades, ni va a ver mis debilidades. Porque no va a conocer nada más que a mí".

Los celos son normales en los seres humanos. Es natural tener celos si tienes una pareja y esa pareja comienza a pasar más tiempo fuera de la casa con amigos, etc., que contigo. No es natural si a ti te vienen pensamientos negativos cuando la persona no está haciendo nada, y sin embargo, tú piensas que sí lo puede hacer. Subrayando *puede*.

La violencia doméstica nace, creo yo, de varios factores: inseguridad personal, falta de control de los impulsos agresivos, falta de confianza en cualquier relación. Hay una falta de confianza total porque quizá este individuo cuando era niño nunca pudo desarrollar confianza en el mundo. Puede ser por los patrones de conducta de las personas que lo rodearon, o experiencias personales.

O sea, que tenemos una persona que todavía está actuando de su propia herida. Y eso no le da justificación para actuar de esa forma. Pero es bien difícil cambiar a una persona mientras más vieja sea, y lo mismo lo digo en el hombre que en la mujer, porque la mayoría de los casos donde la mujer es la agresiva no se reporta. Yo he tenido casos de hombres que me han dicho, "Doctora, es que yo llamé a la policía y se rieron de mí".

Hay mujeres violentas, pero la mayoría de las mujeres violentas que yo he conocido tienden a ser grandes. Entonces quizá debemos preguntarnos, "¿Por qué razón este hombre escogió a esta mujer?". La pregunta que ya hemos tenido en otro capítulo. Quizá es el tipo de hombre que estaba buscando a una persona fuerte de carácter. A lo mejor piensas que porque esta persona es más fuerte que tú, te va a dar el respaldo que necesitas.

Otro factor muy importante es las sustancias. Juegan un papel extremadamente importante en la violencia. Si eres una persona que tienes un carácter explosivo e impulsivo y usas cualquier tipo de drogas o alcohol, se va a facilitar el acto de violencia. ¡Ojo! Hay muchas drogas en el mercado y hay muchos doctores que dan recetas sin hacer preguntas. Hay drogas para el dolor, fármacos que se suponen que son para el dolor, que se está encontrando que causan no solamente adicción, sino también unas explosiones de comportamiento increíbles. Cuando tenemos un compañero o una compañera que ha tenido un problema de accidente, tenemos que tener cuidado.

Al igual tenemos que estar alertas de que muchas veces con los estados depresivos, no nos damos cuenta de que la otra cara de la moneda de la depresión es la violencia. Es muy común observar en el hombre estados depresivos que han resultado en violencia. En la mujer en llantos, pero también en violencia.

Controlando la violencia

El poder tomar control de tu agresividad significa que tienes que estar alerta a los avisos que recibes corporalmente de que estás a punto de perder el control. Tienes que estar alerta a los cambios de tu cuerpo, alerta a los pensamientos que estás alimentando o permitiendo que vengan. Si los pensamientos se han convertido en libretos donde hay temas de infidelidad imaginaria, de falta de amor, de sentirte que alguien te ha sido desleal o que no te comprende y te pasas mucho tiempo alimentando estos pensamientos, comprende que estás a punto de explotar.

Debes llevar un diario, una libretita pequeña, y escribir cuando estos sentimientos ocurren. Pregúntate, ¿Por qué? ¿Qué situación es la que me ha hecho actuar o pensar así? ¿Cuál es la situación que me está haciendo sentir así?

Descubrirás que esa situación puede que sea un reflejo o recuerdo de algo que te sucedió en la niñez, donde tú fuiste la víctima. Reconocer eso te da una libertad espiritual porque estás conectando las razones por las que actúas de esa forma. No te justifica tus acciones, pero te está haciendo analizar. Y en todo momento que tú aprendas a analizar, a esperar y aguantar el deseo de golpear, ya ganaste una batalla.

Mantente alerta, y escribe: ¿Cuáles son los cambios fisiológicos que acompañan a los deseos de violencia? ¿Presión en la cabeza? ¿En la nuca? ¿El estómago lo tienes como en nudos? ¿Sientes calor en los ojos? ¿Picazón detrás de las orejas?

Éstas son señales que te deben decir que éste no es momento de hablar. Éste es momento de irme a caminar, de salir del cuarto donde estoy, de ponerte la liga y darte un ligazo de la Dra.

Isabel, para cambiar tus pensamientos. Cambia el pensamiento de uno negativo a recordar algo positivo que esa persona hizo por ti ese día.

Por eso es importante en ese mismo diario que tengas la parte de adelante—que es lo negativo—pero también la parte de atrás donde vas a escribir todo los días dos cosas que la pareja a hecho por ti que demuestra amor. Estos puntos tienen que ser compartidos con la pareja porque si no, no van a funcionar.

> **Aprendiendo a identificar cuáles son las emociones o pensamientos que provocan comportamientos violentos es el primer paso para detener la violencia.**

Desarrollen un sistema de señales que le avise a la pareja que están listos para explotar, que necesitan un tiempo para tranquilizarse. Pueden usar cualquier señal: levantar la mano, tocarse un puño, darse un ligazo delante de la persona que significa "Estoy al romper la liga". Y por eso, ya la persona sabe que éste no es el momento de dialogar. Puesto que ya sabemos que cuando los sentimientos son muy fuertes, no es el momento de conversar ni de dialogar.

Si la situación de violencia se ha hecho inaguantable, si la persona ya ha sido herida varias veces, este proceso no funciona. Porque ya la persona se ha acostumbrado a un patrón de conducta que es muy difícil de cambiar. Solamente por intervención profesional puede hacerlo y de por vida tiene que asistir a grupos. Y, sinceramente, el porcentaje que cambia es mínimo.

Si ésa es la situación, la que está recibiendo los golpes debe llamar al teléfono local o nacional de violencia doméstica. Los refugios que hay en todo los Estados Unidos recogen no solamente a los adultos, sino también a los niños. En la mayoría de ellos se provee ayuda sicológica, consejería y un lugar donde vivir. No esperemos un palacio, pero de nada vale un palacio si te están entrando a golpes todo los días.

Y no regreses a él aunque te venga llorando y rogando. Hay un dicho que yo digo mucho, "Que no nos llevemos por las flores que nos llevan al otro día después del golpe. Porque a lo mejor la próxima vez las flores van a estar arriba de tu tumba".

El segundo paso para el éxito en el amor: conocer a nuestra pareja

CAPÍTULO 3

Paso 3:
Utilizar comunicación correcta

Comunicar es unir. Atacar es separar.

Marianne Willamson,
'A Return to Love'

La pareja que no sabe comunicar no dura. Por eso, el tercer paso para el éxito en el amor es utilizar comunicación correcta.

¿Por qué es tan importante comunicarnos correctamente? Porque nos obliga a conocernos mejor. Profundiza la unión.

Pero comunicar no es sólo hablar. Hay que saber también cómo expresar lo que de verdad quieres comunicar, cómo asegurarte que tus palabras son entendidas y cómo escuchar. No nos olvidemos que tenemos dos oídos y una boca. Yo creo que el mensaje de Dios es, "Es mejor escuchar".

Realmente tenemos que hacernos muchas

preguntas sobre lo que hemos observado, sobre lo que necesitamos, sobre cuáles son nuestros sentimientos:

Examinando la comunicación

- ¿Qué estamos observando?
- ¿Qué estamos pensando?
- ¿Qué queremos lograr con esta conversación?
- ¿Cuál es el propósito?
- ¿Cuál es el motivo real—está impulsado por los sentimientos, por necesidades, o simplemente por un deseo?
- ¿Qué es lo que realmente queremos comunicar?
- ¿A qué nivel vamos a estar comunicando?

Los niveles de la comunicación

Vamos a empezar por lo más sencillo: Tus observaciones, lo que has observado. Es simplemente cuando tú comunicas, "El día luce lluvioso hoy". Es simplemente una observación sin juicio. "La cocina está sucia".

El segundo nivel es cuando hablamos de los pensamientos. Entonces, ya estamos hablando de conclusiones sobre lo que has observado, vivido, ya sea de la niñez, o en tu vida, y refleja tu forma de mirar la vida. Por ejemplo, "la vida no es fácil". O, "la vida no ha sido justa conmigo". "Mis relaciones nunca han sido positivas". Eso no solamente ya está reflejando lo que has vivido, sino en la forma en que estás viendo la vida y las relaciones.

De esos pensamientos van a venir otras cosas, como los sentimientos. Expresas lo que tú sientes. Por supuesto, es más difícil entrar en este nivel en una comunicación. Pero es tan importante porque si vamos a tener un diálogo con la otra persona, esa otra persona va a conocer algo de ti. Le vas a dar una idea de quién realmente eres tú. Por ejemplo, si le dices, "Me siento rechazada cuando tú no me hablas al llegar del trabajo".

A lo mejor él ni se daba cuenta de que entrar por la puerta y no hablarte significaba para ti un rechazo. Eso es un sentimiento tuyo.

También, puedes llegar a hablar de tus necesidades. "Necesito que me hables por lo menos tres veces al día para sentirme aceptada". "Necesito que tú le pongas la tapa al tubo de pasta dental, porque eso me hace sentir que mi casa no está en orden".

Entonces, de ahí ya puede haber una comunicación porque tú le estás dando una idea claramente de lo que es importante para ti. Y de ahí puede venir el diálogo y el llegar a un acuerdo.

Tenemos que diferenciar de nuestras necesidades lo que simplemente son tus deseos. Es algo temporáneo. "Me gustaría comprar ese vestido rojo". Eso simplemente está demostrando tu deseo. No es algo que es de vida o muerte.

La forma que nuestra familia se comunicaba determina cuánto sabemos de la comunicación correcta. Si en nuestro hogar cuando un niño hacía algo mal venían golpes y gritos, seguro que no se ha aprendido a hablar sobre los sentimientos, los deseos o las necesidades. Para poder realmente aprender, la pareja tiene que conocer los distintos puntos para tener una comunicación correcta.

Compasión, comprensión y empatía

Muchas veces escogemos palabras, situaciones o el lenguaje corporal incorrecto para comunicar nuestros pensamientos y sentimientos. Estos tres factores pueden hacer que el mensaje sea mal interpretado o que el mensaje sea demasiado fuerte. Muchas veces, si nos dejamos llevar en lo que estamos sintiendo por el enfado, el enojo, podemos decir cosas de las que quizá después nos arrepentimos. Tenemos que medirnos. Tenemos que pensar antes de disparar palabras. Tenemos que usar la compasión, la comprensión y la empatía en la pareja.

¿Qué quiere decir eso?

Es simple y sencillamente lograr salir de tu propio espacio y ponerte los zapatos de tu compañero. Es ponerte en el lugar de esa otra persona para comprender por qué él o ella se siente así. Es poder tomar la posición que esa otra persona está tomando.

No nos olvidemos que esa comprensión y esa compasión tienen que comenzar en ti primero. Si tú no te amas lo suficiente, no puedes comprender ni tener compasión por el otro. Lo que vas a tener es lástima. Y también lástima de ti. Y dos personas con lástima no llegan a ningún lado.

Lo que debes tener es empatía. Eso significa que tú puedes comprender la posición de él, pero nunca perder la visión de cuál es la tuya.

Piedras en el camino

Hay ciertas formas de expresarnos que son piedras en el camino de la comunicación. Nos separan, en vez de unirnos. Para poder llegar a una comunicación que fluya, las tenemos que eliminar.

Obstáculos para la comunicación correcta

1. **El sarcasmo.** Comentarios negativos que hacen sentir a la persona mal o expresiones que no son verbales que connotan un mensaje diferente a lo que se dice: "Sí, *seguro* que te dan el trabajo. Como tú eres

tan eficiente". Con el tono de voz y el lenguaje corporal puedes dar un mensaje muy negativo.

2. **Desenterrar situaciones negativas pasadas con el propósito de rebajar, callar o ganar en medio de una discusión en el presente.** Es cuando él dice, "A ti te pusieron multas dos veces", que tú le respondas, "Ah, perdón, hace dos años tú tuviste siete".

3. **Comparar una persona a la otra en una forma negativa.** "Yo no sé por qué tú siempre te comportas mal. Fíjate lo bien que se porta tu hermano".

4. **Usar groserías o palabras que vejan y hieren a la otra persona.** "Eres una estúpida". "Yo no sé ni por qué estoy hablando contigo, porque tú no sabes de lo que hablas". Hay que tener reglas en el hogar donde ciertas palabras van a ser totalmente evitadas.

Entre ésas hay que incluir también aquellas expresiones que pueden traer explosiones. Por ejemplo, ésas que nos traigan recuerdos negativos de la niñez y que van a causar que salga el niño herido o la niña herida: "¡Tú no sabes de lo que estás hablando!".

Si esto es una repetición de algo que has estado escuchando desde que tenías cinco años, entonces de ahí va a salir la niña gritando. Te va a salir la herida, porque no la has cerrado. Eso conlleva que la pareja tenga una buena comunicación desde el principio. Que se hayan hablado de su pasado, de cuáles son los problemas que hubo en la niñez. Eso lo que crea es un estado de compasión y empatía por el otro. Eso es muy importante.

5. **Otra piedra es amenazar.** "Si no haces esto, me voy". "Si no me escuchas, me divorcio".

La exposición "yo"

El deber tuyo es de ser respetuoso con tu pareja. Eso no quiere decir que te tienes que aguantar y no expresar tus sentimientos. Los puedes demostrar por medio de una comunicación correcta.

¿Cómo es eso? Pues, puedes decir, "Yo me siento muy enojada cuando me cierras la puerta en la cara cuando te estoy hablando". "Yo me siento muy enojado cuando llego a la casa, tú no estás, o estás en el teléfono y ni siquiera demuestras alegría porque entre por la puerta".

¿Qué hiciste? Hablaste sobre los sentimientos y especificaste claramente qué es lo que ha causado tu enojo.

La exposición "yo" tiene tres partes. "Yo me sentí _____ cuando _____ porque _____".

Primero, estás expresando tus sentimientos. Ahí pones el sentimiento que sea: dejada, abandonada, rechazada, triste, enojada . . .

Segundo, expresas específicamente cuál es el comportamiento que te está causando ese sentimiento. "Cuando te vas con tus amigos". "Cuando me cierras la puerta en la cara". "Cuando no me llamas para decirme que vas a llegar tarde del trabajo".

Tercero, estás hablando de los temores, valores, necesidades o deseos que chocan con el comportamiento. "Yo me sentí triste cuando vi a este niño llorar porque recordé cuando yo era niño que nadie me compraba nada". "Yo me sentí enojada cuando llegaste tarde sin avisarme porque me imagino que me puedes estar siendo infiel".

Esto abre la comunicación. Da la apertura para el diálogo. Le estás diciendo a tu compañero no solamente cómo te sientes, sino también qué es lo que necesitas. Y te estás comunicando sin culpar y sin herir. Eso ayuda a que la pareja se hable.

Debes también aceptar responsabilidad por lo que ha ocurrido. Puedes, por ejemplo, decir, "Yo sé que he traído problemas a esta relación. Estoy dispuesta a arreglarlos. En estos momentos me siento frustrada porque no hablamos de en qué forma vamos a enmendar esta situación". O sea, que estás asumiendo responsabilidad porque estás diciendo, "Yo estoy dispuesta a hacer algo. Yo estoy dispuesta a enmendar. Pero si tú no me quieres hablar, no puedo".

El contrario del mensaje "yo" es el mensaje "tú", que comienza con ese "tú" que parece como un dedo que está señalando y que casi siempre conlleva juicio y culpabilidad al otro. Lo pone a la defensiva.

En vez de apuntarle el dedo con una declaración que comienza con una acusación es preferible decir, "Yo me siento de esta forma. ¿En qué forma podemos resolver esta situación?". En otras palabras, la pareja siempre tiene que estar definiendo el problema.

Tiene que examinar:

¿Cuál es el problema? Definirlo.

¿Cuáles son las estrategias? ¿Cuáles son las alternativas?

¿Cuál es la que primero vamos a probar?

Y si esto no funciona, vamos a la otra estrategia.

Escogiendo el momento

Tan importante como lo que decimos es cuándo lo decimos.

Ese tipo de conversación no se debe tener cuando los sentimientos están elevados. Si hay ira, si hay un momento malo de las emociones, es muy importante que sepamos que no se puede tener ningún diálogo en ese momento.

Los diálogos se llevan a cabo cuando sea específicamente dedicado un tiempo, cuando las emociones se han puesto en el bolsillo o las han puesto en un cuarto aparte. Vamos a hablar cuando estemos tranquilos, comprendiendo que la razón principal de este diálogo es para llevarnos mejor como pareja. Ése es el motivo.

> **Dedica tiempo a conversaciones importantes cuando tú y tu pareja están tranquilos, no están apurados y no tendrán interrupciones.**

¿Cuándo vas a tener esa comunicación? Si lo que estás comunicando son simplemente observaciones, situaciones que han ocurrido, como puede ser en una fiesta, puede ser en una sala, puede ser caminando. Pero si de lo que vas a hablar es de sentimientos fuertes, de algo que te ha herido, trata de buscar un lugar que sea apropiado para eso.

Hay mujeres que no quieren aceptar que la mayoría de los hombres no quieren hablar cuando llegan a la casa. Ellos no quieren compartir su día hasta después de una hora. Hay hombres que no quieren aceptar que la mujer comience a hablar de todos sus problemas al instante que ellos están entrando por la puerta. Entonces, él le puede decir, "Comprendo tus necesidades. Pero yo necesito una hora para poder calmarme, o desconectarme. Preferiría hablarte después de eso. ¿Está bien contigo que esperemos?".

Si no hay una emergencia, creo que ese deseo se le puede respetar. Pero parte del acuerdo debe ser que ya después de que pase esa hora, ese hombre tiene que estar listo y dispuesto a escuchar a su esposa.

El lenguaje no verbal

¿En qué forma nos comunicamos? Hoy la comunicación verbal y la que no es verbal. Las palabras son importantes, y tenemos que escogerlas con cuidado. Pero también hay las expresiones faciales, los gestos que puedes hacer y los tonos de voz. Estas comunicaciones no verbales pueden completamente negar lo que estamos diciendo con las palabras.

Según los estudios del Dr. Albert Mehrabian, las comunicaciones no verbales son más importantes que las verbales. Él demostró que el 55% del mensaje que tú estás mandando es transmitido a través de tu movimiento corporal, el 38% está relacionado con el volumen y el tono de voz, y sólo el 7% es por las palabras. O sea, que la mayor forma de tu mensaje es no verbal.

> **Mantente alerta a los mensajes no verbales que le estás comunicando a tu pareja.**

Cuando hay una seguridad propia la persona tiene los hombros recto y te está mirando. Los ojos mirando hacia abajo pueden significar que la persona tiene muy poca autoconfianza y, a lo mejor, que tiene temor de ti. Brazos abiertos significan aceptación; Brazos cerrados, posiblemente no quiere comunicar. Fijémonos no solamente en los ojos, sino también en la cara. ¿Los músculos de la cara están como muertos? ¿Qué te dicen sus ojos? ¿Qué te dice su postura? ¿Qué te dice la forma de la cara? ¿Tiene ira? ¿Tiene sentimiento? ¿Está triste? ¿Está alegre? Te va dando indicación de cómo el mensaje está siendo recibido.

Entonces, cuando estamos comunicando, tenemos que fijarnos en cuál es el lenguaje corporal nuestro y también él de nuestra pareja. Piensa qué método estás utilizando para mandar el mensaje. ¿Tienes los brazos cruzados? ¿Estás haciendo puños con las manos? ¿Cómo está tu cara? ¿Estás demostrando odio, ira, agresividad? ¿O estás demostrando apertura?

¿Cómo es la postura de tu compañero? Por ejemplo, una persona que se sienta con su cuerpo hacia delante, mirándote a los ojos, ésa es una postura abierta, está dispuesta a escucharte. Sin embargo, cuando la persona está como retirada, mirando hacia otro lado, el mensaje es claro: "No te quiero escuchar". Si notas que la postura de él no es conducible a una conversación, es mejor no tenerla.

Escuchar y reflexionar

Para que haya una comunicación, tiene que haber dos protagonistas: el comunicador o mensajero, y él que la está recibiendo. Cuando realmente tenemos un dialogo, no puedes esperar que el mensajero esté totalmente hablando cien por cien del tiempo y el recibidor nada. Tiene que haber la participación de los dos.

Por supuesto que cuando uno está hablando, el otro debe estar escuchando. Pero escuchar no es sólo tener los oídos abiertos. En la comunicación correcta, escuchar requiere toda tu atención. Es importante el contacto visual y el lenguaje no verbal. Tenemos que observar cuál es nuestra posición corporal. Debes mostrar interés, estar atenta. ¿Te sientas con los brazos cruzados mirando hacia otro lado? Eso significa que no estás escuchando. Que no te interesa.

El hombre puede escuchar haciendo 45,000 cosas. La mujer detesta eso. La mujer necesita tu atención completa. Necesita que la estés mirando a los ojos, no leyendo el periódico, no mirando el juego de fútbol en la televisión.

> **No le ofrezcas consejos a tu pareja si no te los pide.**

Lo que yo recomiendo es lo que en inglés se llama, "reflective listening", o el reflexionar lo que estás escuchando. Es demostrar que estás prestando atención, y que quieres estar segura de que entendiste bien lo que te dijeron. "Escucho que estás muy alterado. Estás alterado debido a . . ."

Entonces, a ver qué te responde. Porque hay veces que a lo mejor la entendiste mal, y cuando le dices que escuchaste, esa persona va a aclarar y te va a agradecer. Va a pensar, "Oye, sí me está escuchando".

La mujer cuando esté escuchando al hombre que le está hablando de los problemas, también debe utilizar esa forma de escuchar. Debe reflexionar las palabras y decirle, por ejemplo, "Si esto es lo que está ocurriendo en el trabajo, ¿qué piensas que deberías hacer?". Porque con eso no le estás quitando el poder. Sí le estás quitando el poder cuando le dices, "Te dije que eso te iba a pasar. ¿Por qué tú no me escuchas?".

Cuando las mujeres son castigadoras, cuando se ponen de madres, cuando se ponen a decirle lo que tienen que hacer, van castrando al hombre poco a poco. Muchas veces la impotencia no es nada más que el reflejo de ese cuchillo emocional que la mujer utiliza con la lengua.

Otro elemento es no interrumpir. A menos que sea para reflejar algo que tú escuchaste y por si acaso no lo entendiste. "O, eso quiere decir que cuando yo cerré la puerta, ¿tú sentiste rechazo?". A lo mejor lo entendiste mal.

Evita también que cuando alguien te está haciendo un relato o te está hablando, que tú quieras mejorar la historia: "Ah, deja que te cuente lo mío . . ." Cuando estás escuchando, tampoco debes estar pensando en cómo vas a responder. Estás escuchando.

No te pongas de consejero a menos que te pidan que lo seas. Es muy importante reconocer que la mayoría de las veces las mujeres quieren que las escuchen sin enjuiciamiento ni consejo. El hombre siempre está en la misión de arreglar problemas. Él piensa que si tú quieres hablar con él es porque él va a tomar responsabilidad y tú más vale que le sigas lo que él te aconseja hacer.

En la mayoría de las comunicaciones entre pareja hay que dejar el consejo en un gancho. Fuera.

Practicando cómo escuchar

¿Cómo podemos mejorar nuestra forma de escuchar? Practicando todos los días. Lo puedes hacer a cualquier hora, en casi cualquier lugar. Prefiero salir a mi patio por la mañana y, con los ojos cerrados, determinar los distintos ruidos: mi perra cuando está roncando, el pájaro que está cantando o un nuevo ruido en mi patio. ¿Qué cosa es? ¿Un pajarito que a lo mejor ha hecho un nido? ¿Dos pájaros peleando porque hay un nido cerca?

Es prestarle toda tu atención a lo que escuchas. No tienes que salir afuera al patio. Puedes practicarlo al escuchar las palabras de una canción en la radio. Todas. Escuchar los instrumentos en una pieza instrumental y tratar de determinar cuáles son.

Ésas son formas de practicarlo, para que cuando alguien te esté hablando puedas escuchar totalmente, completamente, todo lo que tenga que decir.

> **El tercer paso para el éxito en el amor: utilizar comunicación correcta**

CAPÍTULO 4

Paso 4: No robar

El verdadero amor se modifica con el tiempo, crece y descubre nuevas maneras de expresarse.

Paulo Coelho,
'Verónica decide morir'

El cuarto paso para el éxito en el amor es no robar.

Muchas veces se nos olvida que es importante no robar. Ustedes se van a preguntar, "¿De qué está hablando la Dra. Isabel? ¿Cómo se nos va a olvidar eso? Por supuesto que uno no debe robar".

Pero hay muchas formas de robar. Y hay muchas cosas que se roban en una pareja de que no nos damos cuenta. Hay robo económico; robo de la confianza; robo de la individualidad; y, más que nada, robo del tiempo.

Cuando uno está en una pareja, creo que el tiempo es uno de los factores más importantes.

Qué incongruencia tan grande es que ya después de que encontramos la persona con quien queremos pasarnos el resto de la vida, dedicamos tan poco tiempo para mantener y disfrutar esa pareja. Hay que darse el tiempo para conectarse, de forma íntima, de forma de poder hablar, de forma emocional. Eso es importante.

Pero hay un sinfín de cosas que nos roban el tiempo—hijos, padres, trabajo, amigos, pasatiempos, televisión y teléfonos—y todo porque nosotros mismos permitimos que lo hagan. En vez de dejar que nos quiten el tiempo, deberíamos decidir cuánto tiempo queremos dedicarles.

Para el bien de la pareja, tenemos que tener control de cosas que nos pueden separar en vez de unirnos. Tenemos que reconocer nuestras necesidades y prioridades, y establecer reglas que nos ayudan a manejar nuestra vida y tiempo. Pero los dos tenemos que estar de acuerdo para que esas reglas funcionen.

El Internet, el teléfono y el televisor

Hay varias cosas en un hogar que distraen. Tienes la televisión. Tienes la radio. Tienes el Internet. Son magníficos, porque pueden ayudar a la persona a bajar el estrés, a sentirse desconectadas de los problemas de la calle.

Pero, si te sentaste una hora en el Internet y te vas a sentar una hora en el teléfono, y vas a ponerte una hora con otra cosa, ¿hay algo que hiciste con tu pareja hoy? ¿No? Entonces, tienes que instituir una regla de que va a haber un horario.

Está bien si tú trabajas que si fulanita te llamó que hablen, pero que le digas, "Acuérdate que yo nada más que puedo hablar diez minutos contigo, o cinco minutos, porque mi esposo está aquí, y yo me debo a él". Busca una ocasión en que él vaya a hablar con sus amigos, o a ver un juego con sus amigos, y tú esa noche dices, "Vamos a hacer esto. Nos vamos a reunir en el café tal, o ven aquí a mi casa cuando los niños se hayan acostado, y podemos hablar".

O sea, que de acuerdo con las situaciones de tu vida, haces adaptaciones.

> **Esfuérzate en dedicar tiempo sólo para tu pareja.**

El Internet es uno de los adelantos modernos que nos puede ayudar muchísimo. Pero en muchos casos está siendo utilizado como para llenar un vacío, que a lo mejor existe en el individuo, pero al mismo tiempo afecta a lo que es la pareja. Inclusive los psicólogos están considerando poner el Internet como una adicción en algunos casos.

No es solamente que la gente se está sentando por ocho, nueve y diez horas andando por todo lo largo del Internet. También se están escapando muchos en lo que se llama "chatear", o lo que es intercambiar mensajes escritos, en vivo, en la computadora.

Mi recomendación es que si quieres hacer eso porque te gusta ponerlo por escrito, pónselo por escrito a tu esposa. Cámbiense la personalidad. Estás hablando con La Gatita7. Búsquense nombres interesantes y mándense mensajes por correo electrónico. Yo creo que eso es una forma de alimentar la pareja y la fantasía de la pareja. Pero mandarle esa fantasía a otra mujer creo que no solamente es inapropiado, sino que es criminal.

La pareja viene primero

Para mantener el control sobre el tiempo para la pareja hay que tener en mente cuáles son las prioridades, especialmente cuando uno tiene una familia. Muchas parejas sufren de una falta de intimidad porque los hijos han tomado el control de la relación, en vez de ser los padres el centro de la relación. La pareja tiene que alimentarse primero; segundo vienen los hijos.

Es decirle a los hijos, "Papá y mamá necesitan tiempo para ellos. Si papá y mamá no se aman, ustedes van a recibir un trato muy malo de nosotros". O sea, que los niños tienen que aprender que mamá y papá van a tener media hora donde van a caminar. Papá y mamá van a hablar y no pueden tener interrupción, ni de teléfono. Entonces, si los hijos empiezan a darse cuenta de la importancia de la unión de ese matrimonio, los hijos se sienten seguros.

También hay que establecer reglas sobre cómo se va a criar a los niños, y cómo ellos se deben comportar. Inclusive, es importantísimo en casos de segundas o terceras nupcias. Hay muchos hombres que se casan con mujeres para que les cuiden los hijos. Si así es, desde un principio le tienes que preguntar y decir, "La disciplina en esta casa es tuya. ¿Cuál es la disciplina que les vamos a poner a tus hijos?".

Lo tienen que hablar bien claro delante de toda la familia—de los hijos tuyos y los hijos de él y los de ustedes. Hay que sentarse en una mesa y decir, "Éstas son las reglas de esta casa". Que no haya confusión. Cada uno de los muchachos ya después de los 10 años puede poner su ropa en su lugar. Al mismo tiempo deben ser responsables de hacer sus camas. Creo que recoger sus juguetes y sus pertenencias debe ser desde muy pequeño su responsabilidad.

Mis hijos desde los cuatro años tenían un cajón especial donde ahí ponían los juguetes al final del día. Comprendiendo que, de acuerdo con las edades, hay niños que están jugando el día entero y debes tener una sección en tu casa donde tú les dices, "Ésta es la sección de reguero. Y aquí tienes los cajones. Pero que a las seis de la tarde, antes de comer, o a lo

mejor después, todos esos juguetes se recogen".

A continuación te doy unos ejemplos de reglas
para mantener orden en la casa. Las puedes
recortar y ponerlas en el refrigerador u otro lugar
donde todos en la familia las puedan ver. Puedes
añadir todas las que quieras, mientras que tú y
tu pareja están de acuerdo en cuáles son.

Reglas hogareñas

- Aquí, por lo general, después de las
  once de la noche se apaga la
  televisión, no hay ruidos en la casa y
  todo el mundo duerme.
- Los niños se acuestan a las ____ (pon
  la hora).
- Nos acostamos a las ____.
- Nos levantamos a las ____.
- Todos en la familia comen juntos.
- Las mascotas se mantienen afuera.
- Los niños arreglan sus camas antes de
  desayunar.
- Los juguetes se mantienen en la "zona
  libre" (determinada por mamá y papá)
  para jugar.
- Los niños guardan sus juguetes a las ___.
- Todos se bañan antes de dormir.

Familia en la casa

Hay una gran cantidad de llamadas que me llegan de que "Tengo el cuñado, tengo la cuñada, que vino la familia de mi país, y yo comprendo que mi esposo quiere ayudarlos, pero ya estoy cansada. Llevo cuatro, cinco, seis meses, un año, dos años con ellos viviendo en mi casa".

Aquí, las reglas son esenciales. Para evitar situaciones que puedan convertirse en abusivas tenemos que sentar los puntos desde el principio. Decirle, "Yo te estoy ayudando a que vengas. Tienes dos meses para poder resolver tu problema. Para buscarte una casa. Para buscarte un apartamento, un huequito. Nosotros te ayudamos. Buscaremos ayuda de quien sea. Y si esto no se te da, en cuatro, cinco, seis meses, pues entonces significa que tienes que regresar".

Especifiquen cuáles son las reglas de esa casa para evitar problemas. Y díle, "Mira, yo digo estas cosas precisamente para llevarnos bien. Para pasarla bien. Para que no haya malos entendidos. Para que después no haya problema".

Es el punto de saber especificar cuáles son tus fronteras, cuáles son tus territorios, y marcarlos bien claramente. "En esta casa, éstas son las reglas".

Lo mismo debe ser con nuestros padres. Muchos de nosotros traemos a abuelo y abuela a vivir en casa, para que estén con sus nietos, y también para nosotros poder atenderlos a ellos.

Lo que sucede muchas veces es que la cultura de muchos de nosotros es de que aunque nos casemos, nuestros padres tienen el poder de mandarnos por arriba de nuestra pareja.

Creo que ése es un mito que debemos desechar de la mochila. Número uno, los padres que realmente aman a sus hijos, ven la felicidad de ellos como lo más importante, como el resultado más importante de la educación que les pudieron dar. Padres que están buscando la disolución de un matrimonio por razones egoístas como, "Bueno, desde que se casó mi hijo no me manda todo el dinero que me mandaba antes"— no son padres amorosos; son padres egoístas.

Eso no quiere decir que uno no respete a sus padres y que si tienen necesidad uno se ocupe de ellos. Creo que es el deber de los hijos hacer eso en momentos de necesidad. Pero es el derecho de esos mismos hijos decir cómo es que se hacen las cosas en su casa. No debes tener temor a enfrentarte a un abuelo o una abuela, y decirle, "Mira, mamá, éstas son las reglas de mi casa y quiero que las respetes". Si lo dices con amor, cariño y respeto, te van a escuchar. Posiblemente le duela. Pero se le pasará.

Contando—y encontrando—el tiempo

Una cosa que yo recomiendo mucho en mi programa en Radio Única es sacar una cuenta de cuántas horas tiene una semana y en qué las estás utilizando. Es lo que se le llama en las grandes corporaciones "time management", o sea, el manejo del tiempo.

> **Haz un inventario de cómo utilizas tu tiempo durante una semana típica.**

En total, cada semana tiene 168 horas. Si usamos un promedio semanal de 56 horas para dormir, 40 ó 50 horas más para trabajar (y sabemos que muchos de nosotros cuando llegamos a este país con tal de poder tener una vida mejor y quizá ayudar a nuestros familiares en nuestros países, esas horas son muchísimas más), 10 para manejar, 5 para bañarnos y vestirnos, etc., ¿cuántas quedan?

De ésas, ¿cuál es el número de horas que vas a utilizar para visitar con tus amigas o para tus padres? ¿Para mirar la televisión? ¿Para estar en el Internet?

¿Cuántas horas, o cuánto tiempo utilizan ustedes en lo que es la vida cotidiana—en poder hacer la comida, en poder hacer las compras?

Después, ¿cuántas tienes para el mejoramiento personal y para tener tiempo de calidad con los hijos? ¿Cuántas horas se pasan en el teléfono hablando con las amistades?

Empiecen a realmente darse cuenta de cuánto tiempo están utilizando. Es importante ponerse de acuerdo en cuánto tiempo van a utilizar individualmente para poder quizá tener su disfrute—ya sea de una clase especial, de estudiar, de un juego que les gusta ver, de un hobby.

Tenemos que encontrar el tiempo de darse a uno, individualmente y en pareja. ¿Cómo lo hacemos?

Tenemos que pensar en nuestras prioridades y tomar decisiones. Si la pareja es importante para ti, tienes que encontrar el tiempo para darle a esa pareja. Posiblemente tienes que dejar de hacer ciertas cosas que estás haciendo ahora. Tal vez no puedas ver a tus amigas tan a menudo. O, tal vez tengas que encontrar formas creativas de compartir el tiempo con tu pareja, haciendo las cosas que te gustan, posiblemente con tus amigas y con tus hijos. Que salgan todos juntos al parque, a pasear, al cine. Así se encuentra más tiempo del poco que hay.

Tiempo junto, tiempo aparte

También hay que tomar las medidas necesarias para que puedas estar sola, tomarte un día donde nadie te va llamar, donde no vas a contestar el teléfono. La soledad no mata, sobre todo cuando es escogida y lo has hecho con el propósito de alimentar tu alma, de acuerdo con

tus posibilidades económicas. No es que necesariamente tengas que ir a una peluquería, pero
sí puedes tomar un día en que cierras las puertas y le avisas a la gente, "Éste es mi día. No
quiero interrupciones".

Te puedes poner de acuerdo con una amiga
para que un día le cuides sus hijos para ella
tener su tiempo sola, y otro día ella te cuide los
tuyos.

> **Tan importante como dedicarle tiempo
> a tu pareja es dedicarte tiempo a ti
> mismo.**

Se lo puedes decir a tus hijos, se los puedes
decir a alguien que te va a ayudar con la persona
mayor. Se lo puedes decir a tu madre inclusive,
si tu madre es la que está viviendo contigo. Le
dices, "Éste es el día mío para poder yo subsis-
tir".

Si has establecido la base de confianza, creo
que es permisible que una persona diga,
"Necesito un tiempo para pensar. Realmente lo
necesito. Me voy a ir a pescar, a un lugar, pero
mira, aquí están los teléfonos. Aquí estoy yo".

O sea, que puedes hacer eso, siempre basado
en que está la confianza en la pareja y tú le vas
a dar señales a esa persona que "Yo soy confi-
able. Llámame cuando tú quieras. Yo estoy

accesible, etc". Y pregúntale a tu pareja, "¿Cómo te sientes con esta idea? ¿Cómo yo haría para hacerte sentir mejor?".

Lo mismo que si tienen que ir a ver un familiar que esté enfermo en otro país. Yo tengo mujeres que me llaman y dicen, "Él se fue hace dos meses y no me llama. Fue a ver a la madre. Estaba enferma". Y después pretende aparecerse. Llama y dice que va a regresar. Yo creo que yo no lo recibo. Lo siento mucho.

También creo que deben hacer todo el esfuerzo posible para estar juntos en las vacaciones. "No, porque él tiene cinco semanas de vacaciones y yo solo tengo dos". Entiendo. Pero si la pareja es importante para los dos, entonces él puede durante sus semanas de vacaciones pasarse el día en su bote o durmiendo en una hamaca en el patio y estar en la casa cuando llegas tú del trabajo.

Aquellas familias que quieren alimentar a su pareja y a su familia hacen el esfuerzo máximo para estar con ella. Quiero ver a mis nietos en Boston. Me monto en un avión que me lleva tres horas y pico, y hay veces que son cinco horas con todos los problemas que hay en los Estados Unidos. Pero yo me voy después del programa a ver a mis nietos. Y el domingo agarro otro avión y llego acá muerta de cansancio para levantarme temprano por la mañana para ir a hacer mi trabajo. Pero mis nietos me vieron.

Ustedes deciden cuánto es que necesitan,

pero la regla debe ser que el tiempo aparte está limitado a lo necesario para mejorar el tiempo junto.

Finanzas

Tan importante como el tiempo son las finanzas. Posiblemente más.

Todo el mundo sabe que robar el dinero es malo. Sin embargo, cuando viene a asuntos financieros de la familia, muchas veces no nos damos cuenta de que lo estamos haciendo. Si no se ponen de acuerdo, si uno o el otro está usando dinero de la pareja sin contar con el otro, eso es robar.

Las finanzas son una de las causas principales de los divorcios en los Estados Unidos. Para evitar problemas, las reglas tienen que ser establecidas desde muy temprano en la relación y tienen que ser examinadas con cada cambio de la situación económica.

Temas a discutir con tu pareja sobre las finanzas

- ¿Quién va a trabajar—el hombre, la mujer o los dos?
- Cuando tienen hijos, ¿sigue ella trabajando?
- Si estás ganando tanto dinero, ¿cuánto debes guardar para el futuro?

- ¿Cuánto dinero debes tener en el banco o en alguna caja por si acaso pasa algo?
- ¿Cuánto dinero gana la familia?
- ¿Cuáles son las necesidades de la familia?
- ¿Quieres mandarles dinero a tus padres? ¿Cuánto?
- ¿Necesitas mandarles dinero a hijos que están en otro país?
- ¿Vamos a comprar casa? ¿Cuál es el beneficio de comprar una casa?

Es sentarse a ver cuál es el presupuesto familiar, cuáles son las necesidades de la familia y cuáles son aquellas cosas que quisieras poder hacer. Ésos son temas de los que la pareja tiene que hablar. Hay que determinar qué cantidad, sin que la familia tenga que sufrir demasiado.

Quizá la mujer sea la buena con los números, pero deben tener el compromiso de sentarse juntos cada seis meses para mirar cuáles son los gastos. Para que después él no diga, "Aquí se está yendo el dinero por un tubo y siete llaves". No, ella le enseña que es tanto la renta, esto es lo que se gasta en comida. Vayan juntos de vez en cuando a comprar la comida para que los dos se den cuenta de cuáles son los valores.

He escuchado en mi programa un sinfín de llamadas donde se manda el dinero para construir una casa en su país y se utiliza el de la esposa para mantenerse aquí. Y esta señora no tiene ni voz ni voto ni firma en ese otro país sobre lo que él está haciendo y construyendo allá. Yo creo que eso siembra una desconfianza increíble. Desvaloriza a la otra persona en la pareja. Y creo que es una negación total de las necesidades, gustos y aspiraciones de la cual una persona está viviendo.

O sea, que tiene que haber en las finanzas un entendimiento claro de cuánto vamos a gastar en cada cosa. También, para que no estén siempre discutiendo cómo se va a gastar el dinero que sobra, creo que tienen que establecer un fondo para los gustos personales de cada uno. Deben hacer un presupuesto donde determinan, "Bueno, mira, tú puedes tener tanto para este gusto tan grande que tienes". Así no estás negando su necesidad pero tampoco te estás negando la tuya. Creo que se debe hacer, basado en la contribución de ambos, una cuenta para aquellos gustos tuyos. Para aquellas metas que quieres tener.

Esa fue mi recomendación al señor que me llamó y me dijo, "A mí me gusta coleccionar monedas de otros países de oro y de plata. Y a mi esposa, no. Me dice que eso es botar el dinero. Entonces, ella para castigarme va a la tienda y se gasta todo el dinero innecesariamente".

Yo le dije, "A mí me parece que ustedes dos se tienen que sentar, porque esto se ha convertido ya en una lucha por ver quién tiene más poder.

Siéntate y hablen como dos personas que tienen una meta en común. A lo mejor es verdad que estás gastando demasiado dinero en eso. Pon cien dólares para jugar con lo que te dé la gana, o doscientos, de acuerdo con los ingresos y cómo sea tu presupuesto. Y pon lo mismo para ella. Que lo que esa persona haga con ese dinero es asunto de ella. Si lo quiere guardar, es de ella".

Creo que eso entra bajo la categoría de dejarlos desarrollar sus gustos, mientras esos gustos no sean dañinos a la pareja. Que no sea un vicio, por ejemplo. Es una cosa coleccionar vinos, y es otra irte a emborrachar dos veces a la semana.

Eso es un ejemplo de como una pareja llega a resolver las diferencias que todas van a tener. Es una negociación. Es reconocer las necesidades y deseos que tiene cada uno en la pareja—como individuos y en común.

Permitiéndonos las diferencias

En todas las parejas van a haber problemas. En todas. Vamos a tener momentos en que tus valores van a chocar con los míos. Pero quizá yo voy a mantenerme flexible y entender tus valores. ¿Quién sabe? Puede ser que yo cambie los míos porque los tuyos tienen más sentido común.

Creo que una pareja que en todo piense igual

puede ser un poco aburrida. Si lo es, pues, bendito sea Dios. Continúen así. Pero creo que es importante que reconozcamos que cada persona puede tener su punto de vista en distintos temas y saber cómo expresarlos sin llegar a una pelea o a decirle, "Tú no sabes de lo que estás hablando".

El éxito en el amor viene con aquel compromiso que una pareja hace al principio de decir, "Vamos a trabajar esta relación". Tienen que ponerse de acuerdo que sí se pueden tener diferencias de opinión, de darse permiso a tener conflictos. Aprendan cómo se resuelven los conflictos. No los ignoren. No dejen esas diferencias de opinión apilarse en el latón de basura que todos llevamos por dentro.

Pienso que si decidimos casarnos, aunque yo soy protestante y tú eres católico, puedo escuchar tus puntos de vista. Pero no voy a utilizar manipulación de sentimientos o de emociones, no voy a usar groserías o palabras que te hagan sentir mal, o hablar mal de tu religión. Hay que hablar con propiedad y con certeza de lo que uno cree. Hay que reconocer cuáles son las posiciones de cada uno en puntos importantes y no hacer una transgresión de estos puntos de vista.

Hay algunas opiniones que nunca van a cambiar. Hay que respetarlas. No traten de convencerse uno al otro. Hay que reconocer que si tú piensas que los republicanos nos van a ayudar más que los demócratas, ésa es tu opinión. Quizá puedas tener monólogos de decirle a tu pareja, "Bueno, yo pienso que esto es así porque esto, esto y esto".

Es fácil decirlo, pero es más difícil hacerlo.

El robo de la individualidad y la confianza

No permitir esas diferencias, imponer tu opinión y no darle valor a la opinión de tu compañero, es robarle la individualidad a tu pareja. Lo estás desvalorizando como ser humano, diciéndole que tu punto de vista es el único que importa.

Cada persona en esa pareja también tiene el derecho de tener ciertas necesidades, ciertos gustos o ciertas metas que quiere lograr. Cuando una pareja se ama, se debe respetar ese deseo de que la otra persona pueda sentirse feliz llegando a sus metas. Colaborar tanto con el hombre, como con la mujer, para lograr llegar a esas metas.

La negación de cuáles son tus necesidades, de cuáles son tus sueños, de cuáles son tus metas, es robar tu individualidad. La pareja que se quiere se ayuda uno al otro para desarrollar su máximo potencial. Si se lo niegas, si le dices que nunca va a llegar a nada, le estás robando la posibilidad del crecimiento personal.

El robo de la confianza también es algo muy importante. El esposo y la esposa muchas veces tienen detalles que hablar que son muy íntimos. Que quizá son desagradables. Que quizá son confesiones de un pasado. Que quizá son confesiones del presente. Cuando en esa unión se habla con confianza, no es para que vayan y lo comenten con una amiga, con un amigo, con otra persona de la familia. No se lo cuenten a nadie. Ése es el respeto mutuo. Es la confianza que se te depositó y con la cual no puedes jugar.

Reconociendo lo que no va a cambiar

Hay que identificar aquellas posiciones que uno no va a negociar. Están basadas en nuestros valores fundamentales. Pueden ser, inclusive, tan sencillas como "No se puede negociar la disciplina de nuestros hijos. Tú y yo tenemos que estar de acuerdo en eso".

Tenemos que tener bien claras aquellas posiciones que no vamos a cambiar. Eso va a ir incluido en los valores de esa pareja. "Yo creo en la religión católica y voy a ir los domingos a misa". Punto y aparte. "Si tú no quieres ir, no vayas".

Ahora, después no te sientas resentida si él no va contigo, que te sientes sola, que no vino contigo. Eso lo hablaron antes, ¿verdad? Y aun de matrimonio. Si tienes el compromiso de continuar en ese matrimonio, y tu esposo por razones X dejó de querer ir a la iglesia y tú todavía quieres ir, ése es tu problema. Al igual que no lo puedes forzar a él a ir a la iglesia, él no te debe forzar a ti a que no vayas. Tiene que haber un acuerdo.

Cambiando lo que sí puede cambiar

Si te molesta algo que hace tu pareja, hay varias preguntas que te tienes que hacer.

¿Cuánto te puede molestar esto? ¿Cuán importante es para ti?

¿Hay algo que tú puedes hacer?

Si te molesta tanto y la otra persona no lo ha hecho, ¿qué importa que tú lo hagas? ¿Te lleva mucho tiempo? ¿Te va a sacar de quicio hacerlo?

Creo que lo tienes que poner en una balanza: "Si lo dejo sin hacer, o si lo hago yo, ¿cuál me da más placer? ¿O cuál me da más dolor? Entonces, si el placer es mayor que el dolor tú asumes la responsabilidad.

Escoge las batallas con cuidado.

Yo me acuerdo de mi esposo que no había una sola vez que no dejara la ropa interior en una esquina del baño. Aprendí que ése era un problema que él tenía, el orden. Entonces, agarré y le puse, para él solo, una cesta abierta específicamente donde él siempre ponía la ropa interior. La mayoría de las veces logré mi cometido. Porque las empezó a poner ahí.

Hay ciertas cosas que puedes aceptar—como te digo, yo sabía que mi esposo tenía este problema. Y yo lo aceptaba como tal. Él tenía otras cosas magníficas.

¿Cuáles son las batallas que estás dispuesta a luchar? ¿Y cuáles son las que no? Deben ser las menos, si realmente quieres el balance de la pareja.

Cualquier tema de éstos debe ser un tema de conversación, de comunicación, de diálogo, donde vas a expresar tus sentimientos y tus necesidades o deseos. Pero antes de brincar a discutir todas las cosas que te molestan y quieres cambiar en tu pareja, hay que aprender a comunicar, sin herir.

El cuarto paso para el éxito en el amor: no robar

CAPÍTULO 5

Paso 5:
Solucionar los problemas a diario

Las palabras del afecto son cortas y fáciles de decir, pero sus ecos son interminables.

Madre Teresa

Muchas crecemos pensando que es mejor no hablar de algo que nos molesta. Pensamos que más vale que nos quedemos calladas y así no buscarnos una confrontación con nuestra pareja. Ese concepto lo tenemos hasta escondido en el lenguaje. Decimos que algo "pasó". Y eso significa no solamente que "sucedió", sino también que ya está en el pasado. El mensaje oculto en eso es que como ya está en el pasado, ahí es donde se debe quedar. Hablar de eso posteriormente es estar simplemente buscando una pelea. Nos criamos creyendo que así habrá más felicidad en el hogar.

Pero no. Si piensas así, estás equivocada.

Cuando no le dices—usando la comunicación correcta—a tu compañero cómo te hizo sentir algo que él hizo, vas sembrando el rencor. Los resentimientos se te van apilando adentro hasta que ya cualquier cosita que él haga te enoja. No lo soportas. Ya ni sabes qué es lo que te molesta tanto porque lo que realmente te está causando tu enfado está escondido debajo de una tonelada de hechos que te han ofendido.

Por eso, el quinto paso para el éxito en el amor es solucionar los problemas a diario. No los acumulen. A ustedes ¿se les ocurriría guardar la basura por siete días en la cocina? No. Todos los días sacan la basura. Así mismo, todos los días se debe sacar la basura de la pareja. ¿Cómo? Correctamente, con una comunicación correcta. Decirle, "Mira, hoy no me sentí muy bien cuando hiciste tal cosa". Es expresar el sentimiento seguidamente con lo que ocurrió.

Cuando uno no comparte, el latón de basura dentro de ti se llena. Usas una energía increíble para guardarlo. Siempre estás a la defensiva. Utilizas demasiado tu poder interno. Cuando compartes, cuando limpias la basura, tienes más poder. Tienes y reflejas más poder interno porque estás tranquila contigo misma.

Si sacas la basura todos los días, tiene menos peste. Si todos los días la pareja dedica un tiempo asignado para hablarse y escucharse, los problemas van a ser siempre más pequeños.

Al sacar la basura a diario, también se evitan los malos entendidos. Por ejemplo, tú le puedes decir a tu esposo, "Hoy llegaste por la puerta y me diste tres gritos. Y yo no sabía porqué lo habías hecho. Yo me pasé el día entero limpiando y empezaste a encontrar fallos en todo".

A lo mejor eso le da la oportunidad a él de decir, "Perdóname. Es que tuve un día muy fuerte en la oficina. Fulano de tal me trató de quitar lo que yo había hecho y..." Y con eso abriste un diálogo.

Eso significa que vas a establecer una comunicación personal, individual y sin interrupción con tu pareja todos los días. No te digo si un día te enfermaste o él llegó tardísimo—no podemos ser tan rígidos como todo eso. Pero es importante tener un contacto diario.

No te creas que siempre vas a tener quejas. Cuando una pareja no ha tenido esa comunicación correcta y tiene la basura llena, entonces claro que va a tener mucho para discutir. Creo que tenemos que comprender que al igual que cuando uno tiene una enfermedad, la primera cura va a ser más dolorosa. Al principio hay que hacer una limpieza profunda, pero ya después hay menos y menos que botar.

Es igual que si fueras a limpiar un cuarto en tu casa que siempre lo has tenido para guardar basura. Digamos que es el garaje, y ahí has estado guardando basura por 5, 10 ó 20 años. De acuerdo a cuantos años lleva esa pareja unida.

Entonces, por supuesto que cuando decides que van a limpiar el pasado y van a comenzar el presente limpio, esa limpieza te va a tomar más tiempo, te va a tomar más esfuerzo, y seguro que te vas a ensuciar más las manos. Vas a tener que sacar más basura. Pero llegará el día que hayas botado todo lo que no necesitas, y como no te vas a permitir comenzar a guardar cosas que no sirven, es mucho menos la limpieza diaria.

Es muy posible que llegará el día que no vas a tener ninguna basura para botar. Ese día, pues, nada más que tienes que hablar de cosas lindas.

Si todos los días la pareja tiene un diálogo, o un mínimo de cinco veces a la semana, los resentimientos van a bajar y la comunicación va a incrementarse. Con eso, la unión de la pareja va a aumentar también.

Cuenta de ahorros de cosas buenas

Es muy posible que cuando vas sacando esa basura que has guardado por tanto tiempo, puedas revivir algunas antiguas y poderosas emociones. Tienes que acordarte de siempre expresarte usando la exposición "yo" para no herir. El propósito de la limpieza no es para tirarle la basura a la cara de tu compañero, es para mejorar la relación.

Pero también, yo siempre recomiendo que todos los días deben hacer una lista de dos o tres cosas que, como pareja, han funcionado ese día. Puede ser que él te hizo reír. Puede ser que recogió su ropa interior y la puso con la ropa sucia sin que tú le dijeras nada. Puede ser que te abrió la puerta o te dijo algo lindo. O, simplemente que no se pelearon ese día. Puede ser cualquier cosa que funcionó bien.

Con eso, estás haciendo una cuenta de ahorros de cosas buenas. Entonces, cuando tú estás sacando la basura, tienes cosas lindas y positivas que puedes mirar también, para que te recuerdes que no todo es negativo.

Unidos en el camino

Mi recomendación en el programa de Radio Única siempre ha sido que la pareja debe caminar junta al menos 15 ó 20 minutos todos los días.

Digo caminar no solamente porque es un buen ejercicio, sino también porque eso los saca de lo que es el cuadro familiar. Es para ustedes, solos. Y es importante que no haya interrupciones. Como mencioné ya, les tienes que decir a tus hijos y a tus padres si viven con ustedes que "Éste es el tiempo de papá y mamá. Si no tienen una emergencia, no nos llamen, no nos vengan a buscar. No queremos interrupciones".

Durante estas caminatas, estar compartiendo

tus emociones es el tema principal. Es importante reconocer que los temas de esta comunicación deben ser enfocados en los sentimientos individuales y personales de la pareja.

No debemos decirnos, "Ah, que hoy cuando salí en el carro, las gomas estaban chillando", o "Hice una cita con la maestra del niño para hablar sobre sus notas". No. Eso es mantenimiento de la casa. Esos son temas que se pueden hablar en la mesa.

A lo mejor puedes decir, "Me estoy sintiendo con mucho temor cada vez que entro en el auto porque tengo este problema con el carro. ¿Qué tú crees?". Porque a lo mejor sientes una frustración porque lleva mucho tiempo con esto y nadie hace nada. Y él es él que quiere ocuparse de ese problema. Entonces, le puedes decir, "Oye, mira, yo me siento muy frustrada que ha pasado mucho tiempo que te he dicho del problema del carro. No te preocupes que yo me voy a responsabilizar de arreglarlo". Así te quitas el tema de víctima. Pero, si el tema no es la inactividad de él, es algo que realmente no debe ser tratado en esos minutos.

Estos minutos no deben ser dedicados a la protesta de lo que ha ocurrido en la familia. Aunque hay veces que hay que hacerlo. Pero más que nada es que tú seas la protagonista de los sentimientos. "Yo me siento frustrada con que tu madre está viviendo aquí con nosotros porque cada vez que voy a la cocina me está criticando lo que cocino".

Tampoco deben hacer muchas preguntas

cuando el otro está hablando, porque eso cambia el tema. Al hacer muchas preguntas a lo mejor caes en el interrogatorio. Y a lo mejor eso es efectivamente lo que él ha tenido por muchos años y no le gusta. Déjalo que hable. De lo que sea.

Puede ser que él quiere quitarse de encima todos los problemas que ha tenido en el trabajo. Está bien. Él está hablando de sus sentimientos. Él está compartiendo contigo. Y poderle decir, "Sí, mi amor, pero mira lo bien que te va en esto, y en esto..." puede ser lo que él necesita de ti.

Él se va a sentir mejor al escuchar de ti las palabras que lo elogian, que lo levantan, que le dicen, "Ay, mi amor, esto está pasando ahora, pero yo me acuerdo cuando tal cosa estaba ocurriendo. Tú vas a volverlo a lograr. Yo te voy a ayudar". Camina y déjalo que él hable de sus problemas, comprendiendo que al hombre le cuesta trabajo a veces hablar de eso. Para él hablar de eso puede significar un fracaso.

> **A veces, basta sólo caminar juntos en satisfactorio silencio para fortalecer la conexión con tu pareja.**

Cuando la pareja empieza este tipo de ejercicio es muy posible que sea difícil para uno o el otro compartir sus emociones y pensamientos. Está bien. Si tienen que caminar en silencio, que caminen en silencio, pero con un contacto físico. Vamos de mano o de vez en cuando te paso el brazo. Pero es importante que haya contacto físico y algún tipo de comunicación, aunque sea silente.

Puede ser que al principio le cueste trabajo a un miembro de esa pareja hablar porque está resentido y aunque no te lo diga, no quiere compartir contigo. En las primeras caminatas puedes simplemente hablar de cualquier bobería, hasta que él se dé cuenta de que puede hablar de otras cosas.

Puedes comenzar a recordar los recuerdos buenos. Muchas veces nos olvidamos que tomamos fotografías de todos los momentos buenos. ¿Debe ser por una razón, no? Recordando esos momentos sirve el mismo propósito. "¿Te acuerdas cuando fuimos a las montañas aquella vez y tú subiste la montaña y nos caímos y nos reímos?".

Esa visualización de lo que ocurrió puede romper el ciclo vicioso de la negatividad y de pensar que "el matrimonio de nosotros no sirve para nada".

Incluso, puedes sacar fotografías y mostrárselas a tu compañero mientras caminan y decirle, "Mira saqué las fotos y ¿te acuerdas de esto, te acuerdas de lo otro?". Y eso hace recordar a la pareja aquellos momentos que sí tuvieron buenos.

Es bueno tratar de revivir esos momentos. Puedes durante una de tus caminatas decirle a tu pareja, "¿Qué tú crees? ¿Crees que sería posible que fuéramos a ese mismo lugar?". Es magnífico regresar al lugar donde encontraste felicidad. Eso te inyecta con esa misma alegría que tenías.

> **Cuando le hablas a tu pareja, escoge tus palabras con cuidado.**

También debes ponerle atención a cómo tú le hablas a tu pareja. A veces somos fuertes en nuestras comunicaciones sin darnos cuenta. ¿Qué tipo de palabras utilizas durante esa comunicación? ¿Dices "por favor"? ¿O demandas acción? Por supuesto está de más decirte que palabras agresivas no son aceptadas en un diálogo. No debe ser permitido en un hogar palabras groseras o que son insultantes, o que rebajan la autoestima de esa persona. Observa cómo reacciona tu pareja. No te olvides que si esto ha sido tu forma de comportarte con una pareja por cinco años puede tener temor a hablarte. Sabe que tú nunca lo has escuchado.

Conversaciones cronometradas

Para facilitar la comunicación, hay un ejercicio que yo recomiendo que es muy interesante y muy bueno. Es que se pongan de acuerdo que en esos 15 minutos, o en esos 20 minutos que están caminando, en comenzar uno de ellos a hablar sin que el otro miembro de la pareja lo interrumpa. Por 5 minutos o 10 minutos, el tiempo que decidan ustedes, uno puede decir todo lo que siente sin interrupción. A la mayoría de las personas sólo le pido 5 minutos porque 10 son bastante para hablar.

Cuando termina, le toca al otro sus 5 ó 10 minutos para hablar de todo lo que quiere sin interrupción. Es para que cada uno hable de lo suyo, no para contestarle al otro lo que dijo. Si quieres responderle, puedes, pero tienes que esperar tu turno.

Y cuando tus minutos se acaben, puedes entonces invitar el comentario de tu compañero con preguntas como "¿Qué te parece esto? ¿Cómo tú piensas?"

Esos 20 minutos todos los días les va a proporcionar ejercicio, les va a proporcionar una unión íntima y también poder hablar de todo un poco. Tomarse ese tiempo juntos los ayuda a evitar que los resentimientos empiecen a llenar la mochila emocional que cargamos todos por dentro y permite la apertura para crear la intimidad en la pareja.

> **El quinto paso para el éxito en el amor: solucionar los problemas a diario**

CAPÍTULO 6

Paso 6:
Practicar el perdón
con frecuencia

Si realmente queremos amar,
debemos aprender cómo perdonar.

Madre Teresa

Muchas veces nuestras parejas nos ofenden sin querer. Botan el periódico antes de que lo hayamos terminado de leer. Cambian el canal en la televisión—"porque viene tal y tal telenovela"—sin preguntar si estábamos mirando el programa que estaba puesto. No es que nos quieren ofender. Es que todos actuamos a veces sin pensar.

También hay ofensas más grandes: la de no consultarme en cómo criar a nuestros hijos, la de faltarme el respeto o insultarme, y la peor y más grande de todas, la de serme infiel.

Todas nos causan heridas y, pronto o tarde, afectan a nuestra relación.

Pero por la misma razón que sacamos la

basura emocional a diario tenemos que practicar el perdón con frecuencia. Si no perdonas, guardas rencor por las ofensas, pequeñas y grandes, que te hayan sucedido. Ese rencor es tóxico. Poco a poco te va envenenando, causándote daño emocional y físicamente. Cuando no perdonas te estás castigando a ti misma.

Te toca poner en práctica las palabras del padrenuestro, "perdónanos nuestras ofensas, así como nosotros perdonamos a los que nos ofenden". Eso no quiere decir que te tienes que quedar con alguien después de que te haya herido. Pero perdonar es un regalo que tú te das a ti misma. PER-donar te da PER-miso a liberarte de las ataduras del pasado y seguir adelante hacia un futuro feliz.

Han habido varios estudios que comprueban los beneficios de perdonar. Los que perdonan con frecuencia sufren menos de ataques de nervios y de depresiones. Los que no perdonan tienden a tener más malestares relacionados con el estrés y más enfermedades cardiovasculares.

Por eso, el sexto paso para el éxito en el amor es practicar el perdón con frecuencia.

Una de las pruebas más grandes para tu capacidad de perdonar es la infidelidad.

Infidelidad

No he hecho un análisis, pero creo que los que

escuchan mi programa en Radio Única estarán de acuerdo en que la mayoría de las llamadas que recibo sobre problemas en las relaciones tiene que ver con una infidelidad.

Resulta difícil asegurarlo, pero los expertos coinciden generalmente en que aproximadamente uno de cada cuatro y tanto como la mitad de todos los matrimonios son afectados por infidelidades.

Las causas tienden a ser las mismas. Para los hombres, es sexo. Para las mujeres, emociones. Pero básicamente, ambos están llenando un vacío. Tanto el hombre como la mujer. Simplemente la diferencia es el modo de entrada.

El conquistador

En el hombre, la mayoría de las veces cuando hay infidelidad, empieza con una atracción física, sexual. Eso despierta en muchos hombres su necesidad de sentirse poderosos, de poder conquistar a esa mujer que le llamó la atención. Ese patrón de conducta yo le llamo "el conquistador".

En casos extremos, quieren conquistar a todas las mujeres que ven. A ese tipo yo le llamo "el Don Juan", que es el infiel habitual.

En ambos casos, puede ser un patrón que aprendió en su casa, de su padre, tíos o hermanos. Hijos de padres infieles pueden crecer pensando que así es cómo se comportan los hombres, o que las mujeres no valen nada y el hombre puede hacer lo que quiere. No todos, por supuesto. Otros pueden haber enfocado el dolor que vieron que esto le causó a sus madres y determinado que jamás le iban a hacer algo parecido a otra persona.

Pero casi todos los hombres quieren sentirse exitosos y potentes—en su carrera y en sus relaciones. Es así como ellos definen su hombría. Por lo tanto, dificultades, contrariedades, estrés y fracasos pueden afectar su sentido de ser un hombre. Puede que busquen probarse su hombría a sí mismos y al resto del mundo. O, simplemente pueden sentir el deseo de escapar por medio del sexo, con el objeto de suprimir emociones conflictivas. Cualquiera de las dos maneras de pensar puede conducirlos a ser infieles.

'Isla de la fantasía'

Usualmente, cuando tienen hijos, la crisis comienza cuando los adolescentes tienen 11 ó 12 años de edad y mamá y papá han estado casados o viviendo juntos todo ese tiempo. Cuando el brillo del romanticismo se está acabando o se acabó y los hijos exigen más tiempo, la posibilidad de la infidelidad está latente o está presente.

Si no hay una base sólida, si no hay un compromiso de que vamos a sobrevivir esto, el matrimonio se acaba. El divorcio ocurre como un escapismo a una situación que está aquí en esta casa. Principalmente, históricamente, él que se escapa ha sido el hombre. Se aburre de la situación y otra mujer resulta algo que puede ser muy tentador – especialmente una sin hijos y con la cual él puede comenzar a vivir una fantasía de "tú y yo solos".

> Los hombres usan la infidelidad como un escapismo a los problemas cotidianos en sus relaciones en ese momento.

Ese hombre comienza por la situación entre las piernas, por el sexo, pero de ahí salta. Porque acuérdate que esa transgresión es con una mujer—y esa mujer sabe que la única forma en que lo va a enlazar es por medio de la emoción. Esa amante va a estar dispuesta a escuchar todos los problemas de ese hombre. Y como él no tiene ningún compromiso con ella, es posible que a ella le hable más de lo que le habla a su esposa. Le puede hablar de sus fantasías. De sus problemas. Porque con ella sus fallos en el pasado no existen. Él es un ídolo.

Con su esposa, como comenzó con ella cuando era joven, cuando cometía más errores, ya no se siente como que es el caballero en el caballo blanco. Con esta nueva, lo es. Incluso, muchas relaciones comienzan porque el hombre conoce

a alguien que tuvo problemas y él la está ayudando a ella. O sea, que ella está alimentando
esa parte de él de querer ser "El Hombre".

Con su esposa, a la que conoció cuando tenía
18, 19, 20 años, cometió todo los errores normales de la juventud. No tenía la posición que
tiene ahora. Si aún él no tiene éxito, con la
nueva amante puede mentir. Él puede echarle la
culpa a su mujer de su falta de éxito y decir,
"No, porque ella se llenó de hijos..." "No,
porque su familia..." "No, porque..."

Entonces, aunque él no quiera, entró por la
vagina, pero realmente esa conexión va a estar
basada en una fantasía en su cabeza. Y va a
haber una conexión que yo le llamaría "fantasía
emocional". Quiera o no quiera.

Zapatos nuevos

Lo mismo puede suceder con el hombre que
sufre de impotencia o que está preocupado con
una disminución de su capacidad para tener
erecciones. Es normal. Sucede con los años.
Pero él siente que se está poniendo viejo o que
está perdiendo su potencia.

Muchas veces cree que por cambiar de pareja
va a sentir ese mismo vigor que tenía antes. Y,
efectivamente, lo nuevo siempre te va a dar una
excitación. Pero también puede hacerte sentir
culpable, que puede también afectar la erección.
He recibido llamadas de mujeres que me dicen,
"Las primeras dos veces fue bien y ahora se le

ha caído. ¿Será que quiere regresar con la esposa?".

Muchas veces el hombre se da cuenta después de unas cuantas veces de que el cambio de pareja le está resultando igual que antes. No nos olvidemos que cuando nos compramos un nuevo par de zapatos, nos queda apretado. Pero ese par de zapatos después se va anchando porque la piel se va anchando. Después resulta de nuevo que piensas, "Ay, me tengo que comprar zapatos nuevos, porque ya no me siento igual con éstos".

No debes pensar de esa forma acerca de tu relación. Debemos ver en nuestras relaciones las cosas que son más importantes.

La conexión y la fantasía

En los últimos diez años hemos visto un aumento increíble en las infidelidades de la mujer. Quizá se basa en el hecho de que las mujeres están más conectadas profesionalmente, están más tentadas y más vulnerables, y cuando sus necesidades en el hogar no han sido satisfechas se sienten con el derecho de poder tener una infidelidad. O por lo menos así lo justifican. La misma razón que usa el hombre.

Y ahora, como estamos con la libertad que tenemos, pues la mujer también busca esa fantasía de ese mundito donde todo es amor y cariño. "Ay, me entiende. Me están entendiendo. Me voy para mi casa y hay problemas. Pero aquí se acabó todo. Aquí no hay gritería". Porque no hay tiempo para gritería. No hay el roce continuo ni las dificultades cotidianas del hogar y los hijos, la cocina, las deudas, etc. No tienes un historial lleno de rencores viejos. No tienes por qué decirle, "Hace cinco años tú me fuiste infiel". Porque lo acabas de conocer. Además, la relación es sin compromiso.

Pero la mayoría de las infidelidades de la mujer no comienzan en la cama. Comienzan porque sienten un vacío emocional. Tiene un problema con el marido y encuentra a ese otro que está dispuesto a escucharla y con quien ella puede compartir los sentimientos. Ése es el primer paso. Piensan, "Este hombre me está hablando de un libro que leyó, me está hablando de los problemas que tiene con la otra mujer".

> **Las mujeres cometen infidelidades para llenar un vacío emocional que no ha sido satisfecho por su relación en ese momento.**

Para las mujeres, esa comunicación es una de las cosas más importantes para llenar su tanque emocional. Si eso es donde está su necesidad, si en su hogar el hombre no se está comunicando con ella, existe la posibilidad de cuando otro sí le preste atención, ella se puede ir por el camino de la infidelidad.

Muchas veces lo hacen para despertar a la otra pareja. Puede ocurrir cuando la unión de la pareja tiene problemas y no se acaban de decidir en arreglarlos o en disolver la relación. Hay veces que estas relaciones le pueden demostrar al infiel que es mejor tratar de mejorar la relación estable y dejar el romance escondido. Yo digo que hay distintas formas de despertar, y ésa es la que menos se debe usar.

Puede ser que lo que buscan es recrear un intenso romance del pasado, o la intensidad de cómo era el comienzo de su relación actual. O, hay la que ocurre porque es el escape a una relación que no funciona. En otras palabras, sirve como "la excusa" para terminar con el compromiso o matrimonio.

También hay infidelidades por despecho. Estas ocurren con más frecuencia en las mujeres. Principalmente suceden por un deseo de castigar al compañero o para probarse que son atractivas. Pero por lo general, esto no resuelve el problema.

Reconociendo el porqué

Si hay alguien en el trabajo que te está interesando, pregúntate, ¿Por qué? ¿Qué te está dando esa relación en tu mente que te falta en tu hogar?

Significa un vacío que tienes en tu relación. Y

tienes el deber de decírselo a tu pareja, de decirle, "Yo me estoy sintiendo muy solo porque tú no hablas conmigo. No te estoy retando, ni te estoy asustando. Pero si hay alguien que me empieza a hablar, a lo mejor va y me gusta. Tenemos que hablar".

Puede ser como la pareja que me vino a ver porque ella había sido infiel con un compañero del trabajo.

Los dos estaban dispuestos a tratar de salvar su matrimonio, así que lo importante era determinar qué fue la causa de la infidelidad. Lo primero que hice fue preguntarle a ella, "¿Por qué fue? ¿Quizá el roce diario con ese señor? ¿Qué estaba faltando en tu matrimonio?".

En seguida me respondió, "Doctora, yo pienso que estaba faltando un poco de comunicación, un poco de cariño de él hacia mi persona y como que yo encontré un poco de apoyo en esta persona del trabajo".

Es muy común. Cuando hay una mujer insatisfecha y otro hombre está compartiendo con ella una vida profesional, ellos hablan el mismo idioma, hablan de lo mismo. Si están en un periódico pues hablan de las noticias. Si están en la escuela, hablan de los problemas educacionales. En la profesión en que estén, se van a alimentar con eso. Eso es la carnada.

Entonces, después de eso, comienzan quizá a hablar de lo que nunca ha hablado con su esposo. De libros. Le dice él, "Ay, mira que estuve leyendo este libro que me ayuda con la autoestima". Lo comparten. Lo mismo que yo estoy pidiendo que hagan las parejas para alimentar el matrimonio es por donde entra la infidelidad.

En el caso de la pareja que me vino a ver les dije, "Hay veces que en un matrimonio viene una infidelidad y por muy duro que sea es porque está faltando algo. Como al hombre siempre se le ha dado el rol de ser él quien provee en la casa, pues se pone a proveer, y se olvida de mantener la llama del amor.

"Y no te estoy culpando a ti", le dije a él. "Ella te debió haber avisado. Te debió haber dado ciertas señales para que tú por lo menos hubieras hecho algo".

Entonces, logré que se pusieran de acuerdo en decirse uno al otro lo que necesita, en compartir sus sentimientos con el otro. Y, como discutiremos más adelante, en perdonar y olvidar lo que había ocurrido.

Encontrando alguien que me entienda

El mismo vacío emocional que lleva a las mujeres a cometer una infidelidad con otro hombre también las puede llevar a tener una relación con otra mujer.

He encontrado que muchas de las mujeres que se meten en relaciones lesbianas es por esa falta de ternura que no recibieron de la madre. Entonces, confunden la ternura que otra mujer les da y ese placer sexual que la mujer les puede dar—porque la mujer está más determinada en darle un orgasmo que el hombre que quiere entrar y salir y satisfacerse apropiadamente— por el amor que buscan. Dicen, "Bueno, y ¿para qué voy a estar con este hombre? Si me da golpes. Si no se preocupa por lo que necesito. Si no me da ternura".

Entonces, se toman decisiones incorrectas porque tienen una pareja incorrecta. Muchas mujeres casadas empiezan con una amistad con una mujer y terminan en la cama con esa mujer. Dejan al marido por esa mujer. Y después de dos o tres años se van con un hombre. Porque no eran lesbianas, simplemente tenían un vacío.

Por eso, tanto con las mujeres como con los hombres, tenemos que mirar, número uno, si realmente hay un patrón homosexual; segundo, si ha habido trauma sexual. Puede haber una situación donde la persona se considera bisexual pero no se acaba de determinar.

El verdadero homosexual, él que ha nacido por razones genéticas en esa condición, se siente orgulloso de ser hombre pero no quiere ser satisfecho por una mujer. La atracción principal es el hombre. Las verdaderas lesbianas no quieren un hombre.

Pero cuando la sociedad impone ciertos preceptos de lo que es permitido y de lo que no es permitido, significa que va a haber secretos y murallas y escondites en esa sociedad. Hombres homosexuales o mujeres lesbianas pueden entrar en una relación con alguien del sexo opuesto para esconder su homosexualidad.

Así fue el caso de una mujer que me llamó. Tenía 13 años de casada, 33 años de edad y dos hijos.

Me dijo, "Realmente me parece que mi marido es homosexual. Desde el mismo principio, tuve que comprar un pene, ponérmelo y hacerlo como si estuviera haciendo yo el amor con él".

Siguió contándome que iban a los bares de travestí porque él se excitaba muchísimo, pero precisamente porque él se excitaba tanto, ella decidió no ir más.

Entonces, yo le dije, "Tu tienes que hacer algo. Él es un hombre que está detrás de la puerta del clóset y te está usando como su objeto sexual para cubrir sus necesidades sexuales. Y eso no está bien. Te mereces algo mucho mejor que eso".

Básicamente, si no nos amamos a nosotros mismos, si no estamos seguros de nosotros mismos, todas las relaciones en las que entremos, entramos cojos. Vamos a entrar por la puerta equivocada. Porque estamos esperando que esa persona llene algo que es tu responsabilidad.

Señales de humo

Una de las cosas que las mujeres hacen porque están muy involucradas en otras cosas es no reconocer las señales de que hay problemas.

Ellas no quieren. Ninguna mujer quiere creerse que su marido está relacionado con otra persona.

Mi marido me fue infiel. Cuando él me lo dijo, me tomó completamente por sorpresa. Pero cuando ocurrió, recuerdo que en mi mente pasé el video de nuestra relación. Y recordé que mi marido estaba grabando cintas de música romántica. Él nunca había hecho eso. Y no me las había dado a mí. Entonces, ¿qué es lo que estaba pasando aquí? Me di cuenta de que él estaba teniendo un gusto diferente en música al suyo habitual, pero no me hablaba a mí de eso.

En cada caso, hay un cambio con una pareja. Hay que estar alerta ante estas señales.

Creo que no es porque tu puedes desconfiar de la pareja, sino que yo creo que siempre debes de estar alerta a que la llama del amor no se apague. Igual que cuando uno está en el bosque y estás acampando, siempre se debe tener una pequeña hoguera. Siempre hay alguien que tiene que estar alerta de esa candela, de esa hoguera.

Mantente alerta a señales de problemas en tu relación que pueden indicar que tu pareja te ha sido infiel.

Las señales de humo que están significando que en esa pareja el amor está muriendo también pueden ser señales de una vulnerabilidad a una infidelidad.

Los infieles recurren a todo tipo de mentiras para justificar espacios de tiempo vacíos. Por ejemplo, en él hombre es muy común decir, "No puedo llegar a la casa temprano porque tengo una cena de negocios". Ahora eso no quiere decir que todos los hombres que dicen eso lo están haciendo. Es la frecuencia con que se hace. Es el patrón de conducta que notas una vez que esto comienza.

¿Te está siendo infiel tu pareja?

- ¿Él es amoroso contigo? ¿O dejó de ser amoroso contigo?
- ¿Ustedes tienen tiempos de importancia juntos? ¿O no lo tienen?
- ¿El hombre utiliza mucho excusas para no estar en casa, como "Hoy tengo que visitar a mamá", etc.?
- ¿Siempre dice que tiene que trabajar?
- ¿La mujer desaparece por largos ratos diciendo que va a la peluquería, o que va a ir de compra?
- ¿Qué pasa en la casa?
- ¿Cómo luces tú?
- ¿Te estás ocupando de ti?
- ¿Te estás ocupando de él?
- Cuando él llega, ¿está alegre?

- ¿Cómo está la cama?
- ¿Cuántas veces lo haces?
- ¿Es notablemente diferente del número de veces de antes?
- Si ha habido un cambio repentino, ¿por qué?
- ¿Se saben divertir ustedes?
- ¿Se ríen?
- ¿Salen?
- ¿Cuáles son las formas de ustedes unirse, o alimentar ese amor?
- ¿Tienen cosas que comparten que los hacen sentirse de verdad como una pareja unida?

Manteniendo la llama

Cada pareja determina cómo divertirse y como mantener el amor. Pero todos pueden evitar la infidelidad si se unen como pareja utilizando todos los principios que han aprendido en este libro.

Háblense del amor. Háblense de las cosas íntimas, de los sentimientos, sueños, deseos y pensamientos. Lean y compartan libros, situaciones intelectuales. Es enseñar que tienes una vida propia y separada de tu pareja pero que quieres compartirla con ella, en vez de compartirla con alguien del trabajo.

La mayoría de las infidelidades comienzan por ese compartir de intimidades emocionales e intelectuales. Eso es lo que llama la atención muchas veces.

Si caen en una infidelidad y se dan cuenta de que de verdad fue un error, todavía se puede salvar la relación. Todavía se puede prender la llama del amor con la pareja y mantenerla, si los dos están decididos que van a perdonar y olvidar lo que sucedió. Pero hay ciertos factores que van a determinar el éxito del regreso.

Preguntas y respuestas para la reconciliación

- ¿Cuántas veces ha ocurrido? Es importantísimo.
- ¿Con una o más personas? Si tú has perdonado diez veces, sabes que fueron diez veces por lo menos.
- ¿Por cuánto tiempo ha estado ocurriendo? Hay muchas mujeres que si ha pasado 15 ó 20 años, no te lo van a aceptar.
- ¿Cuán fuerte era la conexión emocional?
- ¿Hubo sexo?

Antes que nada, hoy en día si es posible que tu pareja te haya sido infiel es importantísimo —y lo digo todo el tiempo—usar un condón. Hay muchas enfermedades, incluso la del VIH y el SIDA, que pueden ser transmitidas a través del sexo. Pídele que vaya a un médico a hacerse la prueba para confirmar que no está infectado. Después puedes preocuparte de salvar tu matrimonio. Primero tienes que cuidarte.

Perdonar y olvidar

La relación puede ser rescatada si existe una promesa de que vamos a trabajar en esto. Tienen que enfocar lo que es el compromiso. ¿Queremos como pareja lidiar con esto? Y, de vez en cuando, un punto a aclarar: "Oye, ¿todavía quieres?

Hay dos factores muy importantes, perdonar y pedir perdón.

Perdonar a otro ser humano es la responsabilidad de la persona que ha sido herida. Él que ha hecho la transgresión tiene que no sólo pedir perdón sino también tiene que reconocer que ha cometido un error.

No te sientas como un dios que le vas a decir a esta persona, "Aunque no me has pedido perdón, yo te perdono". Número uno, no va a funcionar. Porque él no ha reconocido su problema y no va a hacer enmienda. En ese caso, si quieres seguir en esta relación, tú te puedes dar, vamos a decir, el permiso de olvidar lo que sucedió. Si eso es lo que en estos momentos te hace sentirte bien: seguir en una relación que es realmente tóxica.

Si pide perdón, le toca a la que fue herida perdonar o no. Pero para que haya éxito en salvar la relación se requiere más. También tiene la responsabilidad de olvidarse de aquello que dijo que iba a perdonar. No puede permitir los pensamientos negativos. A ella le corresponde la reacción de cada vez que venga algo negativo que la va a hacer castigar a esa persona, convertirlo en algo positivo que esté ocurriendo ese día.

Factores que influyen el proceso del perdón

1. La determinación de sacrificarse por la relación.
2. El grado de compromiso en la relación.
3. El nivel de empatía personal.
4. El nivel de narcisismo. Esta característica tiende a bloquear el proceso por la falta de empatía.
5. El orgullo.
6. Sentimientos de culpabilidad y vergüenza. Culpabilidad se entiende como una característica basada en algo externo—"Yo hice algo malo". Vergüenza es la percepción interna de la persona—"Yo soy mala".
7. La religión o espiritualidad.

O sea, tienes que analizar el comportamiento tuyo para saber si esto tiene posibilidad de que no solamente haya perdón sino también una reconciliación y el nacimiento de una nueva relación con más honestidad entre los dos. La comunicación allí es muy importante.

La pirámide del perdón

Para lograr el perdón existe un modelo de la empatía, humildad y compromiso que yo llamo la pirámide del perdón.

El quinto es continuar abrazando el perdón, que significa practicar el olvido.

El cuarto es hacer el compromiso de perdonar.

El tercero es la acción altruista. Es decir, vamos a ver que es lo que está pasando aquí. Vamos a hablar.

El segundo es sentir empatía por la persona que te hirió.

El primer paso es reconocer la vejación y confirmar el dolor.

Salvando la pareja

Todo está basado en cuán honesto estás dispuesto a ser y en analizar la responsabilidad que tienes en esa relación. En conocerte. ¿Quién eres? ¿Qué es lo que tú quieres realmente? ¿Qué es lo que te gusta? ¿Qué es lo que no te gusta?

Después puedes preguntarte, ¿qué tipo de relaciones he tenido yo en el pasado que han sido negativas? ¿Por qué han sido negativas? ¿He tenido alguna relación que ha sido positiva? ¿Cuál? ¿Qué fue la distinción? ¿Por qué fue? ¿Cuáles fueron las características?

Entonces, te vas conociendo a ti mismo. En la relación en que yo estoy ahora, ¿por qué entré en ella? ¿Cuál fue la necesidad que al principio esta relación llenó? ¿Todavía está en vigor esa misma necesidad? ¿Esa persona todavía la está llenando o ya no me interesa llenar esa necesidad?

Recordando los recuerdos buenos

Como ya les mencioné en el capítulo de cómo sacar la basura, debemos tener recuerdos buenos que hemos guardado a través de los años porque, por supuesto, no todo fue malo, ¿no?

No neguemos los recuerdos buenos. Debemos revisarlos. Debemos, cuando una ocasión se parece a otra, "Ay, ¿te acuerdas cuando tal cosa?". "¿Te acuerdas cómo te peinabas?". "¿Te acuerdas de las flores que me trajiste?". Tratar de utilizar eso. Eso nos permite reconectar con nuestra pareja. Nos recuerda por qué fue que nos enamoramos, qué era lo que gustábamos tanto uno del otro. Y eso nos ayuda a recrear la intimidad y unirnos como una pareja de nuevo.

Reconstruyendo la confianza

Para rescatar la relación, debemos reconstruir la confianza. Ambas partes deben mostrar que desean sinceramente que funcione.

Eso es a lo que cada mujer puede conectarse. Una mujer se conecta a emociones. Y si estás deseando alimentar ese lado emocional de ella, tienes una oportunidad de resolver la situación. La mujer está deseosa de perdonar.

Te recomiendo tomar los momentos que puedas para estar con tu pareja alejándote del encierro. Lejos de la casa. Lejos de los hijos. Lejos de las distracciones que has probablemente usado como justificaciones para desconectar. Porque la vida es difícil.

No hables de la otra relación. Habla de tu relación. Mientras más tratas de averiguar sobre la otra relación, más son los pensamientos negativos que vienen a trastornarte. Cuando te concentras en el matrimonio y no te concentras en la otra persona, sacas a esa persona de tu cama. Concéntrate. Tienes que hacerlo y hacerlo funcionar. Échale una buena mirada a tu relación para descubrir qué es lo que falta, qué salió mal que condujo a la infidelidad. Y acepta responsabilidad por tu parte en lo que no funcionó.

Eso no significa que eres a quien se debe culpar si tu pareja es infiel. Pero eres responsable por al menos tu mitad de la relación. Acepta responsabilidad por tus acciones que han alejado a tu pareja. Incluso si es una responsabilidad de un 20 por ciento, aceptar responsabilidad por lo que ha salido mal es importante en el aspecto del perdón.

Lo que yo he recomendado, yo lo he hecho. Caminé, caminé y caminé. Después de que mi esposo me dijo que me había sido infiel, hablé con él. Le escuché. Comenzamos con 15 minutos y terminamos a veces pasada una hora. Yo le escuché. Me puse en sus zapatos.

> **Ambos miembros de la pareja tienen que hacer de la reconstrucción de su relación una prioridad.**

La reconstrucción de la confianza no ocurre de la noche a la mañana. Nos probamos uno al otro, día tras día con nuestras acciones.

Debe haber ciertos pasos a seguir y un compromiso a seguirlos. Si yo veo que tú estás yendo a consultas de ayuda conmigo. Si veo que en vez de llegar a las ocho de la noche como llegabas, estás en casa a las seis, eso me muestra que soy una prioridad. Comprendiendo que los días que no llegas temprano son por razones reales de trabajo, pero voy a sentirme un poco insegura. Llámame.

En otras palabras, la persona que ha sido infiel tiene que hacer sentirse segura a la otra. Pero la que ha sido herida tiene que decirle a él lo que la hace sentirse insegura. "Cuando tú no me llamas…" "Cuando tú no estás aquí a la hora X me haces pensar en el pasado".

Entonces, él ya sabe que tiene que adelantarse a ella para que ella no se sienta mal. Eso significa que él va a hacer un esfuerzo bien grande para que nadie le ponga algo después de las seis de la tarde. Si es una emergencia, él la va a llamar y decir, "Fulana, esto ha ocurrido. Yo voy a estar en tal lugar. Éste es mi teléfono".

Puedes mentirle a la otra persona; no puedes mentirle a tu esposa. Puedes decir, "Ésta es una llamada que he estado esperando, perdóname y excúsame por un minuto y hablaré contigo".

Y si esa persona no entiende, peor para ella. ¿Qué es más valioso para ti, tu matrimonio o ese trato comercial? A eso se reduce básicamente.

Pero no puede ser que una exija, "Yo te perdoné y ahora tú vas a hacer todo lo que yo diga". Eso no es perdón. Eso es castigo. Eso no ayuda la relación; lo daña aún más.

¿Cómo puedes reconocer cuando estás tratando de castigar en vez de perdonar?

Primero que nada, ten cuidado con las señales de exceso. O de compulsión. Todo lo que vas a lograr con eso es hacer que la persona que te hirió empiece a sentirse resentida y va a ser la base de otra infidelidad.

En segundo lugar, la persona que lo está haciendo está creando una codependencia. Es una relación tóxica, parásita. Estás creyendo que sin él, te vas a morir. O sea, que todos los extremos son malos.

La base para mantener o recuperar la confianza es que uno comienza a sentirse bien con respecto a sí mismo. Que no estás mendigando. No eres la persona diciendo, "Quiero que me llames cada diez minutos". Es reconocer que cada diez minutos es excesivo. Cada hora es excesivo. Dos veces al día no lo es.

Entonces, piensa cuidadosamente sobre lo que en realidad necesitas para sentirte con más seguridad y sobre lo que quieres en tu relación. Si quieres, escríbelo. Luego, cuando vayan juntos a caminar, se pueden decir el uno al otro cuáles son sus necesidades. Se pueden decir el uno al otro cuáles son sus temores.

"Temo que no me seas fiel cuando no me llamas durante el día o no haces contacto físico conmigo".

De esta manera, poco a poco, no sólo podemos reconstruir lo que teníamos, sino también podemos mejorar y fortalecer nuestra relación basándonos en la confianza y en una nueva y completa honestidad.

El sexto paso para el éxito en el amor: practicar el perdón con frecuencia

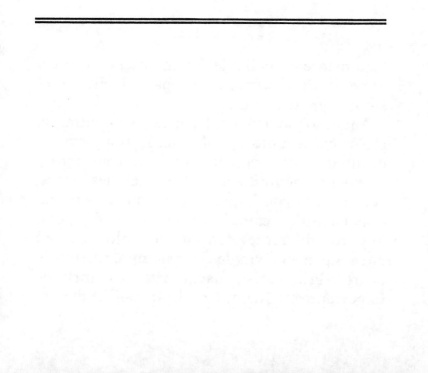

CAPÍTULO 7

Paso 7:
Crear la intimidad

> Todos y cada uno de nosotros somos ángeles con una ala, y sólo podemos volar si nos abrazamos a otros.
>
> Luciano Di Crescenzo

Para mantener la llama del amor en una pareja es necesario el séptimo paso para el éxito en el amor, crear la intimidad.

Aquel toque físico, frecuente, es importante. Hacer cosas juntos. Ir al cine. Ir a la playa. A caminar. A un juego de fútbol. Leer un libro y después comentarlo. Salir de vacaciones juntos. Ser creativo con la persona, y con tu persona. Por ejemplo, cambiarte el corte de pelo. Vestirte diferente. Un nuevo color que te puedes poner en vez de estar siempre vestido de negro. Prometerse hacer rituales íntimos importantes. ¿Qué quiere decir eso? El día del aniversario hacer algo especial, algo diferente, algo creativo.

Con hacer este tipo de cosa, crean la intimidad y alimentan la llama del amor continuamente.

Intimidad física, emocional y espiritual

Todos buscamos intimidad física. Muchos pensamos que esa intimidad significa la conexión más perfecta que podemos tener con nuestra pareja. Pero hay tres aspectos fundamentales de la intimidad: el físico, el emocional y el espiritual. Para llegar al físico siempre debemos explorar primero la intimidad emocional y espiritual.

> **La intimidad emocional y espiritual puede mejorar la conexión física.**

La intimidad emocional es esa confianza en una pareja de poder compartir sus sentimientos y emociones sin temor. La espiritual es ya cuando se conectan al nivel de conocerse los pensamientos, sin tener que hablar.

La intimidad en todos sus aspectos se desarrolla en momentos agradables. Por eso tenemos que examinar, ¿Qué estamos haciendo para tener momentos agradables? ¿Qué estamos

haciendo como pareja para mantener ese vínculo? ¿Tomamos tiempo para caminar juntos, para
hablar juntos? ¿Tenemos algún ritual donde
todos los días, aunque sean sólo 10 ó 15 minutos, estamos solos sin la interrupción de un
teléfono, de la televisión del Internet?

Por ejemplo, puede se que para la mujer ese
momento de intimidad es el momento en que se
toma una taza de café con él afuera, mirando el
patio, contándole sus cosas. O, ir con él a un
cine. O, ir a pescar con el esposo. O, ir a un
juego de pelota con él.

En otras palabras, ésos son momentos de
intimidad que unen a la pareja. También es
recordar, tener fotografías que hagan una historia de esa pareja. Incluso, deben sacar de vez en
cuando los álbumes de fotografías y decir, "¿Te
recuerdas cuando esto ocurrió?".

Cuando nos hace falta la intimidad, sentimos
un vacío. A veces no lo reconocemos por lo que
es. Lo tratamos de llenar con otras cosas. Con
comer demasiado. Con trabajar. Con el sexo.
Muchos casos de promiscuidad no son porque
tanto les gusta el sexo, sino que están tratando
de llenar ese vacío con el toque físico. Después
se convierte en un comportamiento repetitivo
porque cuando eso no los llena, van con otro. A
veces, si estamos ya en una relación, podemos
caer en una infidelidad.

Una muchacha me llamó a mi programa y me
dijo que estaba casada ya por diez años y de

repente había empezado a soñar de besos y abrazos con novios que tenía antes.

Le dije, "Los sueños son una forma de nuestro subconsciente de lidiar con esas necesidades que tenemos. De esos deseos que tenemos. Si tú estás soñando con besos, abrazos, cariño, tenemos que pensar que posiblemente te está faltando eso en tu vida".

Y así fue lo que ella me confesó. La llama del amor se estaba apagando en su matrimonio. Su esposo ya no le daba besos. Y ella, que no se podía imaginarse infiel, estaba buscando en sus sueños lo que le faltaba en su vida.

Yo le dije, "Tú tienes que hablarle a él y decirle que tienes esa necesidad de que él te bese. Hazlo en la forma más cariñosa posible, porque lo que tu subconsciente te está gritando es que necesitas que te besen. Y si esto no resulta en que tu esposo lo haga, entonces tienes un problema bastante grande en tu matrimonio, y en eso es lo que tienes que enfocar".

Se desarrolla la intimidad en demostrarle a tu pareja que la aprecias. Debes reconocer en tu pareja a diario, lo más honestamente posible, algo lindo de la pareja: ya sea la comida, ya sea cómo le quedó a ella el vestido rosado, o a él cómo le quedó la corbata.

Las mujeres tienen que recordarse de la importancia de los piropos a su pareja masculina, porque sobran allá afuera mujeres que lo van a hacer. Muchas veces en la cotidianeidad del día, de lo que ocurre en una pareja, nos olvidamos las mujeres, que a los hombres hay que prestarles atención.

Halaga diariamente a tu pareja.

Es importante que conozcamos cuáles son aquellas cosas que nuestro compañero necesita. Todos los días uno no tiene deseo de comer la misma comida. Hay veces que yo no tengo deseo de comer chocolate, pero a lo mejor si me pones por delante unas lascas de pollo, eso es lo que yo quiero.

Hay que conocer cómo esa persona juega y se divierte. ¿Cuáles son los gustos? Es importante conocer cuáles son tus gustos y cuáles son los gustos de él. Es importante conocer cuáles son sus costumbres sexuales.

Aprende a decir lo que tú quieres ese día. Aprende a ser receptiva antes las necesidades de tu compañero y preguntarle, "¿Qué te gustaría?". No adivines. Hay veces que puedes adivinar. Pero yo diría que el mayor porcentaje debe ser preguntando. "¿Qué te gustaría que te hiciera hoy?". A lo mejor lo que él te dice te sorprende. OK. Las sorpresas son lindas.

Pero cuando hay una conexión de pareja a nivel físico, emocional y espiritual, se leen la mente y se dicen, "Ay, eso era exactamente lo que yo quería".

Intimidad total

¿Qué es lo que la mayoría de las personas entiende por intimidad? Si le preguntas a un hombre te dice, el sexo; si le preguntas a una mujer, más bien es compartir, el cariño, las emociones, los sentimientos—todas esas cosas.

Yo creo que la intimidad son esas cosas, pero más.

Es una conexión que va más allá de palabras. De conocer la historia del otro y los sentimientos del otro. Es la conexión espiritual y emocional que ha nacido, abonada por la comunicación verbal frecuente, la satisfacción sexual de esa pareja, y sentir compasión y comprensión el uno por el otro. Es el vínculo más fuerte que existe entre los seres humanos.

Es estar, yo creo, compartiendo un café mirando hacia afuera en silencio y de buenas virarte y decir algo que él te está diciendo al mismo tiempo. La conexión de pensamiento de que casi tú puedes leerle la mente a él y él a ti.

> **Las almas gemelas se pueden crear.**

Muchos escritores han nombrado esto como almas gemelas. Pero muchos nos equivocamos en pensar que las almas gemelas nada más son ésas que existen desde el nacimiento, que todos tenemos una y todo lo que falta es que nos encontremos en el camino de la vida. No. Las almas gemelas se pueden encontrar, pero también se pueden crear. Lo que requiere es un conocimiento individual de ambos, pero al mismo tiempo un conocimiento increíble de tu propia persona.

Para llegar a esa intimidad tan especial, tienes que quitarte tus caretas. Realmente hablar de tus sentimientos, de tus gustos, de tus necesidades igual que hemos mencionado anteriormente. Si a ella le gusta el ajedrez y a ti no, siempre le puedes decir, "Nunca lo he hecho. A lo mejor me gusta". Y después de que lo haces unas tres o cuatro veces, que eso también implica que tú le des una oportunidad para que te guste algo, decirle, "Mira, sí me gusta." O, "La verdad es que me aburro tremendamente".

Es compartir con esa pareja quién eres tú. Muchas veces me llaman a mi programa y me dicen, "Yo no sé qué me pasa; todas mis relaciones tengo que terminarlas. No me puedo enamorar".

Les digo, "Bueno, a lo mejor tú estás forzando algo. A lo mejor realmente no has analizado el tipo de persona que te gusta a ti".

Muchos hombres me han llamado con tres, cuatro, cinco relaciones que han fallado. Lo que yo les pido a ellos se lo aconsejo a todos: "Escríbeme en una columna por lo menos 10 características que te gustan de una pareja.

Mientras más escribes, más específicas son las características. Después haz el ejercicio de estudiar las características de tus otras relaciones. Vamos a ver cómo se comparan con lo que en tu mente tienes".

Entonces, les digo, "Pon eso a un lado. Estudia bien cuáles son las prioridades de tu lista. Tenla en tu mente, que esa persona se te aparecerá. Porque así como tú piensas, tu vida ocurre". Y yo eso creo, tremendamente.

Palabras del amor

Conózcanse bien. Si son pareja, no vayan a la cama inmediatamente, porque eso va a parar la intimidad, se va a quedar la relación en intimidad sexual. Vayan a un cine. Comenten la película. Escojan películas, el gusto tuyo y el gusto mío. Compara esos gustos. Vayan a un teatro, a un concierto de música popular, a un museo a ver las obras de arte. Aunque nunca hayas ido al museo, pruébalo. Ahí vas a darte cuenta cuáles son tus gustos.

Háblense del amor. Háblense de las cosas íntimas, de los sentimientos y de los pensamientos. Pero las palabras que crean la intimidad no son solo ésas, sino también son todas ésas que nos dejan conocernos mejor.

Compartir situaciones intelectuales nos une. Muchas personas me han escrito y me han dicho que mi programa es un tema de sobremesa de la pareja. "Oye ¿tú escuchaste cuando fulana dijo tal cosa?". "¿Oíste cuando fulano dijo tal cosa? Mira que..." Es enseñar que tienes una vida propia y separada de tu pareja, pero que quieres compartirla con ella. En vez de compartirla con alguien del trabajo.

Una de las cosas que más une a una persona a la otra y que yo recomiendo mucho en el programa es ir a la librería y compartir libros en común. "Y ¿qué te pareció esto? Y ¿qué te pareció lo otro?".

Yo creo que ese compartir ideas no solamente nos hace crecer intelectualmente, ya que estamos ejercitando nuestra mente, sino que también hay un compartir intelectual. No es el aburrimiento total.

Esto crea la intimidad estética y hasta cierto punto cultural. Así estamos creando puntos o polos en común. Estamos creando un conocernos, una intimidad. Estamos al mismo tiempo ensanchando nuestros horizontes de intimidad.

Conversa acerca de los sueños, sus metas, marcadas o no marcadas. ¿Cuáles son las tuyas? ¿Cuáles son las mías?

Ejercitemos escuchar. ¿Qué necesitan para lograr estos sueños? No hay unión más segura que aquélla en la que tú me ayudaste a mí a crecer, pero yo te ayudé a ti también. La ayuda unilateral, en que yo hago por ti pero tú no haces nada por mí, crea resentimiento.

> **El apoyo a tu pareja en sus metas fortalece la conexión emocional.**

Muchas veces sucede que sentimos que no estamos creciendo al mismo nivel emocional. Hay parejas en las que los dos van creciendo a escalas paralelas. Pero hay muchas parejas que se vuelven divergentes. Por un lado se va éste, y por el otro se va la otra. Por ejemplo, el hombre que llega aquí y empieza a subir en su trabajo. La mujer, que vino al matrimonio con una carrera, se quedó en la casa. Después se siente bruta. Se siente que sus sueños están perdidos. Entonces, van en una picada para abajo.

Compartiendo experiencias y creando intimidad

Pero crecer juntos no significa que tenemos que hacer todo igual. En la mayoría de los casos, el hombre va a tener un trabajo y la mujer otro. Puede ser que ella sea ama de casa con la tarea difícil de cuidar ese hogar y criar los niños, que es bastante. Eso no significa que tienen que volverse divergentes. Lo que une la pareja y los ayuda a crecer juntos es compartir experiencias juntos. Es bueno, por supuesto, tener intereses en común. Pero también es importante probar cosas que le gustan a tu compañero.

Hacer algo o aprender algo que a tu pareja le gusta, le demuestra que a ti te interesa esa persona. Por ejemplo, si sé que a mi esposo le gusta el baloncesto o el fútbol o el deporte que sea, yo puedo interesarme en el juego.

Número uno, hay una ventaja en los deportes: a la mayoría de los hombres que le gustan los deportes la adrenalina se le aumenta cuando está viendo un juego. Eso puede ser un preámbulo para hacer el amor después. Si gana el equipo, pueden celebrarlo juntos así. Y si pierde, lo pueden hacer para por lo menos sentirse mejor. A lo mejor se le puede decir que es un premio de consolación. Y allá van.

> **Demuestra interés en los gustos de tu pareja.**

Poder así compartir, reírse y divertirse juntos, aumenta la intimidad. Al igual que la invitación no esperada. "Encuéntrate conmigo después del trabajo en tal y tal lugar. Los niños se los voy a dar a mamá. Nos podemos pasar una hora juntos con una copita de vino o un café".

Hagan ejercicio juntos para mantenerse saludables. Cocinen juntos. Monten bicicleta. Jueguen juntos. Tengan diversiones juntos—ajedrez, pescar, montar en bote. Lo que sea. Cualquier cosa que hacen juntos los ayuda a crear la intimidad.

Yo me acuerdo que al principio de mi esposo y yo estar casados los dos estudiábamos, los dos trabajábamos y él me ayudaba a limpiar la casa. Los dos estábamos trabajando para un mismo fin. Limpiando nuestro hogar para hacerlo lucir mejor, embellecerlo. Pero entre la limpieza de la sala y del comedor pues puede que viniera un besito, una palmadita en el pompis. Un toque físico.

Masajes y la intimidad

Una de las cosas que también yo recomiendo muchísimo son los masajes de pareja. No con el propósito de llegar al orgasmo o al clímax, sino de darse placer el uno al otro. Que si eso llega a la consumación de un coito, magnífico, pero que desde un principio se establezca que "yo estoy haciendo esto por ti, no porque quiero algo de ti".

Se debe utilizar aceites especiales. Muchas veces para los masajes corporales, no genitales, se puede usar la loción de manos. Pero yo recomiendo siempre el de sándalo, que en inglés se conoce como sandalwood, el ylan-ylan y el de cedro.

Preparen el lugar donde lo van a hacer. Si es en tu cuarto, apaga las luces, pon muchas velas y música suave, relajante.

Debe haber un período de 15 a 20 minutos para cada uno.

No se hablen. Determinen que éste es un momento de silencio para ponerse en contacto y darle placer a tu persona amada.

Las distintas partes de tocar y cómo hacerlo

La cara es bien erógena. Trata de hacer los movimientos empezando de la barbilla hacia arriba hasta lo que es la sien. Toda la cara. La cara entera es bien sensitiva.

El cuello y los hombros. El toque es más fuerte, pues es donde tienes el estrés y debes hacerlo por más tiempo. Es muy favorito de todo el mundo, porque el cuello y los hombros siempre estamos cargando con todo el peso del día. Y vas relajando a la persona. Vas haciéndole olvidar los problemas del día.

Las manos y los brazos igualmente. Y no nos olvidemos de los dedos. Y por medio del puño tuyo, darle a lo que es la palma de la mano sin olvidarnos de usar los aceites.

El pecho. Para la caja torácica se debe hacer movimientos circulares. Al hombre, si tiene mucho vello en el pecho, pues tienes que usar más aceite, para evitar que se enrede. Tanto en el hombre como en la mujer la sección de los pezones es bien sensitiva. Y se debe hacer con movimientos circulares sobre todo los pezones.

El vientre siempre se debe hacer levemente y con movimientos circulares. Por lo general, no es recomendable el masaje del vientre a menos que se haga muy levemente, y circular porque ayuda a los intestinos.

La cadera es una de las áreas que reaccionan muy bien al masaje y lo hace bien erótico. Se debe acariciar ligeramente en los costados. Circularmente.

Las piernas. Se hace por todo el frente y el tramo de atrás. Se debe hacer estos movimientos porque ayudan a la circulación, y recuérdense mientras mejor tienen la circulación pues mejor se van a sentir en todos los aspectos. El masaje se debe llevar profundo hasta la ingle. Eso también te saca todas las toxinas que puedas haber acumulado en las distintas coyunturas.

La espalda. No hay cosa más sabrosa que un masaje de espalda, boca abajo. Y no hay cosa más sabrosa que se te sienten arriba (por favor si pesas más de 200 libras no lo hagas). Sentarse como si estuviera montando a caballo y empezar a dar masajes por todos los músculos de la espalda, evitando la columna vertebral. Si no estás entrenada en cómo hacerlo, no lo hagas en la columna. Debe hacerse movimientos largos, lentos, hacia arriba hasta el hombro.

Los glúteos. Yo leí en algún lugar, no sé ni dónde, si a todos los hombres les dieran masajes fuertes en los glúteos no tendríamos guerras. Por eso, no se olviden de los masajes en los glúteos. Aunque no terminemos con las guerras mundiales por lo menos podemos mejorar la relación en nuestro propio hogar.

Los pies. Yo te dije que en las manos es importante dar masaje a los dedos, uno por uno. Pero más importantes son los dedos de los pies, que te harán sentirte increíble, sobre todo cuando se hace con los dedos pulgares, en cada dedo. Incluso puede ocurrir cierta excitación sexual al dar masaje a los distintos dedos de los pies.

Rituales de compromiso

Siempre celebramos las fechas dictadas por la sociedad—las navidades, los cumpleaños. Que es magnífico. Pero también creo que tenemos que tener fechas nuestras, de la pareja, que son importantes para cada uno.

Estas fechas vienen a ser rituales de compromiso personales que crean intimidad y fortalecen la unión por el mismo hecho de ser personales. Son de la pareja, no de nadie más.

Es decir, que el día que se conocieron, el 25 de febrero por ejemplo, es especial para ustedes. Lo celebran con flores y una cena especial, o con dejar a los niños con su abuela e irse a un hotel. Pueden recrear la primera vez que salieron juntos, volver al mismo restaurante o ver de nuevo la primera película que vieron juntos, que seguro ya se puede encontrar en video.

Recuerdo que el día que conocí a mi esposo, yo tenía lo que en aquella época se le llamaba un vestido camisero. Era amarillo. Y a él le gustaba verme con ese camisero. Como las cosas pasan de moda, no me lo podía poner todo el tiempo. Pero lo mantuve guardado. Y, en la fecha en que nos conocimos, cuando él llegaba a la casa yo tenía puesto ese camisero. Eso también me obligaba a mantener una talla.

También debe mantenerse los lugares especiales donde vuelven, aunque no sea en la fecha exacta. Por ejemplo, en la luna de miel de nosotros fuimos a las montañas de North Carolina. Ahí regresábamos tan a menudo como nos era posible. Después de que llegaron nuestros hijos, lo convertimos en una tradición familiar, de ir todos al lugar donde mamá y papá pasaron su luna de miel.

Todos tenemos lugares y momentos especiales de los que nos recordamos, en los que la unión nuestra se hizo más fuerte. Al celebrar esos momentos y volver a esos lugares, con rituales de compromiso, con masajes, con compartir juntos películas, libros, nuestros pensamientos y sentimientos—y también los momentos juntos, aguantados de la mano, sin hablar—creamos la intimidad total en nuestra pareja y alimentamos la llama del amor.

> **El séptimo paso para el éxito en el amor: crear la intimidad**

CAPITULO 8

El diario del descubrimiento

Conquistarse uno mismo es una
victoria más grande que la de
conquistar a miles en batalla.

Buda

Los siete pasos para el éxito en el amor se practican todos los días. Mientras más lo hagas, más
éxito tendrás. Mientras mejor te conozcas,
mejor te conocerás. Después de que reconozcas
el primer plano de tus temores, podrás llegar al
segundo. Así es, también, con tu pareja.
Mientras mejor lo conozcas, más confianza tendrá para revelarte más quién es, y mejor lo conocerás.

Caminando juntos a diario—solucionando los
problemas, comunicando correctamente, practicando el perdón—estarán de verdad en el
camino del amor. Seguro que, como ya les dije,
al principio tendrán muchos problemas para

resolver, muchas heridas que necesitan perdonar. Pero por cada día que lo hagan, habrá menos problemas.

Como ya lo expliqué en el capítulo dos, llevar un diario te puede ayudar a controlar tu ira, a revisar tus sentimientos y comportamientos y a descubrir los valores, temores y necesidades que te impulsan. El diario del descubrimiento te ayuda a practicar los siete pasos y a llegar así al éxito en el amor.

Ese diario va a dejar que abras tu corazón para poder analizar tus problemas del pasado y para que no los continúes trayendo en el presente. Ese diario debe tener un requisito: que es tuyo, no es de nadie más. Tienes que tener absoluta confianza en que nadie lo va a leer. Es absolutamente necesario que tu compañero comprenda que ese diario es para ti, para poder resolver los problemas de pareja, que es obvio que él sabe que tú lo tienes. Y si no lo comprende, no estás en la relación correcta. Porque, inclusive, le va a hacer daño a tu pareja leer ese diario.

Eso es extremadamente importante. Porque eso ha buscado problemas. Eso no tiene nombre. Porque tienes que escribir tu vida por completo ahí, desde el día en el que naciste hasta el día en el que estás. Esto es un recuento completo de limpiar toda la mochila, de botar toda la basura. Y ahí vas a poner si tú violaste a alguien, si tú enfermaste a alguien, si tú te acostaste con alguien... todo.

Lo que tienes que hacer es definirle a tu pareja, "Esto es un compromiso que estoy haciendo contigo. Quiero mejorar mi relación contigo. Voy a hacer esto, pero esto tiene que ser respetado". Y tiene que ser. Si temes que tu compañero no te va a respetar tu deseo de mantener el diario privado, entonces, es muy importante que tengas un lugar bajo llave donde guardarlo. Ponlo en una caja fuerte. O, si lo tienes que llevar contigo, llévatelo.

Escribir te fuerza a tener claridad en tus pensamientos y a completar tus pensamientos para poder concretar lo que realmente eres tú como ser humano. Y hace conectar la parte emocional del cerebro, que es lo que nos mueve a tener una relación, con la cognitiva, que nos hace pensar realmente.

Para conocer y reconocer tu espíritu, tienes que tener un trabajo diario de análisis de tu propia educación espiritual. De saber qué es lo que te sientes. Después de quitar los traumas de la niñez, los malos conceptos del pasado, de los programas malintencionados, entonces, sí puedes tener ese instinto que te dice, "Eso va bien conmigo. Esto no va bien conmigo".

Eso va a hacer que puedas formalizar o analizar objetivamente cuáles son tus principios, cuáles son tus valores y qué es que estás buscando en la pareja. Es importante explorar cómo también tú y tu pareja pueden actuar cuando están sintiendo distintos sentimientos.

Detalla tus temores, de acuerdo con la prioridad que tú sientes, desde los que pueden ser devastadores para ti hasta los que son mínimos. Tienes que saber de dónde vienen esos temores. Tienes que analizar los temores.

Tienes que saber cuáles son los temores de tu pareja y cómo los resuelve tu pareja. Si tu pareja ha tenido otra relación en la cual la mujer se le fue con otro hombre, posiblemente haya un temor de que él sea inadecuado, de que pueda pensar que todas las mujeres son iguales, y el temor de que tú te vayas va a estar siempre presente. O sea, que va a ser un hombre que te va a vigilar. Que va a ser posesivo. Que ese interés que está demostrando en ti que ahora lo miras como, "Ay, ¡cómo se preocupa por mí!", después se te va a convertir en una carga de que no deja de vigilarte.

Mira a ver también si él ha tenido problemas con su familia y si los ha podido perdonar. Eso te va a dar un indicio de lo que él va a poder hacer en tu relación. Porque todos cometemos errores.

Pregúntate, ¿Qué pensamos de nosotros?

Detrás de todo aquello de llevarnos en pareja es muy importante analizar por qué respondemos en nuestra comunicación con nuestra pareja de distintas formas. Muchas veces depende de cómo sea nuestra autoestima.

Tenemos que mirar dos puntos. La baja autoestima, y la que luce como una autoestima exagerada, inflada. Las dos son señales realmente de una idea pobre de tu persona. Ya sea porque fue sembrada esa idea cuando eras pequeño y ahora de grande, por ejemplo, tienes que hacerte creer que eres el mejor de todo. Le quieres probar a todo el mundo que tú sabes más que nadie. Eso es señal de baja autoestima porque él que realmente tiene una autoestima apropiada no tiene que estarle probando nada a nadie, no tiene que estar a la defensiva.

Si ya hemos llegado a la conclusión de que nos comportamos de cierta forma en la comunicación con nuestra pareja o con otros seres humanos, hemos analizado que puede ser que tengamos una autoestima baja. Entonces, nos queda la pregunta, ¿por qué?

Si tú estás sola porque él se fue de viaje, ¿qué vas a hacer, llorar por una semana? ¿Quedarte en la casa pensando que él te está siendo infiel? ¿O vas a hacer algo constructivo? "Ah, mira, ésta es la semana que me voy a hacer esto, voy a hacer lo otro, voy a pintar un cuarto". Todas las cosas que quizá por la falta de tiempo que le tienes que dedicar a él, no has hecho, hazlas.

Por supuesto, estamos hablando antes de que la pareja se una, y después también. Antes de la pareja, si estás de novia con alguien, me imagino que ése no es el momento de ir a salir con otro muchacho. Pero sí es el momento de reconectar con tu familia, reconectar con tus amistades, reconectar con ciertas cosas que tenías que hacer, y quizá por siempre estar con la pareja, las has abandonado.

En eso de examinar y escribir sobre tu relación actual, pregúntate, ¿hay apertura para compartir preocupaciones?

Sentimientos de culpabilidad, ¿cómo son reflejados? Hay personas que se sienten culpables de algo que ha ocurrido en el pasado con otra persona, y tú eres la que lo tienes que pagar.

Todo lo que estamos tratando de hacer por medio de estas preguntas, de estas características, de este estudio de la naturaleza humana, es darles a las personas los instrumentos para tener el poder, para recuperar el poder que todos tenemos dentro de nosotros, para descubrir que sí podemos cambiar nuestras vidas.

Analizar cómo es tu historia, para ver dónde cometiste errores, te ayuda ahora para saber cómo vas a moverte en el futuro. Y esto te pone en una situación donde no eres una víctima, sino que estás yendo a una situación consciente de lo que tienes y de con quién estás.

Si ya estás envuelto en una sociedad—ya sea de pareja, de negocio, de lo que sea—el poder analizar estos puntos te puede dar un cambio completo en la relación.

En las peores de las situaciones, cuando una persona comienza un cambio personal, siempre va a tener un resultado con las personas que la rodean. A menos que la otra persona esté en unas situaciones tan malas que no está lista para comenzar su propio cambio. Pero si comienzas a hacer cambios personales e individuales, llegarás a tomar una decisión.

Te voy a dar ciertas áreas generales que tienen que ser examinadas y que pueden ser aplicadas a cualquier relación. Puede haber más. Éstos son nada más que ejemplos para comenzar. Cada uno va a ir recordando distintas situaciones que le provocaron temores. No tienes que anotarlas todas de un solo golpe. Dedícale un tiempo todos los días a escribir en tu diario. Tal vez el primer día recuerdas una noche cuando te sentiste abandonada porque despertaste llorando y llamaste a tus padres pero ellos no te oyeron. Entonces, pon que temes ser abandonada. Otro día puede ser que recuerdes cómo querías invitar a una muchacha a tomarse un café pero temías que te rechazara. Pónlo. No importa cuántas cosas pones. No hay un número de temores que todos tenemos que tener. No hay un número que no se puede pasar. Lo que importa es que uses los más detalles posibles. Es así también con todas estas áreas de investigación personal—las metas, los sueños y las formas en las que se divierten, no sólo con los temores. Mientras más específico seas, más beneficio le sacarás a tu diario.

Preguntas para conocernos mejor

- ¿Cuáles son los temores que tienes?
- ¿Cuáles son las de tu pareja?
- ¿A qué le tienes temor?
- ¿Temes a la inseguridad económica?
- ¿Temes quedarte sola?
- ¿Temes ser rechazada?
- ¿Cómo resuelves tus temas de soledad?
- ¿Cómo los resuelve él?
- ¿Cómo resuelves los temas de perdón?
- ¿Cómo los resuelve él?
- ¿Él ha tenido problemas con su familia?
- ¿Él ha sabido perdonar?
- ¿Cómo, cuándo y dónde tú compartes tus sentimientos?
- ¿Cuándo, cómo y dónde, él lo hace? O, ¿lo hace?
- ¿Cómo demuestras la hostilidad?
- ¿Cómo demuestras los temores?
- ¿Cómo demuestras desconfianza?
- ¿Cómo demuestras odio?
- ¿Cómo demuestras amor?
- ¿Cómo demuestras la soledad?
- ¿Cómo demuestras tus frustraciones?
- ¿Cómo se saben entretener individualmente?

- ¿Cuáles son tus sueños?
- ¿ Cuáles son tus metas?
- ¿Cuáles son los sueños y metas de tu pareja?
- ¿Cómo se divierten juntos?
- ¿Te sientes aburrida cuando estás con él?
- ¿Le has sugerido, "Por qué no vamos a caminar a un parque?".
- ¿Cómo ha respondido?
- ¿Hay apertura para compartir preocupaciones?
- ¿Cómo son reflejados sentimientos de culpabilidad?

CAPITULO 9

Recuperando tu poder

Existe en la peor de las suertes, la mejor de las oportunidades para un cambio feliz.

Eurípides

Una de las realidades principales de la vida es que aunque crezcas, siempre te vas a enfrentar a temores. Los temores no desaparecen porque seas adulto. Otra realidad es que la única forma de desaparecer los temores es hacer algo para poderlos remover, por pequeños que sean. ¿Tienes temor a manejar, a conducir un carro? Empieza por manejar hasta la esquina y regresa. Poco a poco puedes ir más lejos, y con cada poquito más que vas, menos temor tendrás.

Para tener éxito en el amor tienes que tomar la decisión de que vas a dirigir tu propia vida. Tú eres la que vas a reconocer tus temores, tus valores y lo que quieres de tu relación. Tú eres la que vas a decir, "Me gusta esto", y "Esto no". Así, vas a llegar a un acuerdo con tu pareja sobre cuáles son las reglas en tu hogar. Es decir, que el éxito en el amor les viene a esas personas que toman control de sus vidas. Para eso, primero, tienes que identificar y aprender a manejar tus temores.

Todo el mundo experimenta temores, hasta la gente más famosa del mundo. Todos. El temor no es el problema, es cómo abrazamos ese temor que nos da un estado de parálisis. El temor es bueno, porque nos está avisando que eso lo tenemos que conquistar, eso es una meta.

Recuerdo cuando yo estaba en mi primer año de maestra de ciencia, me nombraron "Maestra del año". Y, a esta Dra. Isabel que tanto habla, le pusieron un micrófono en la mano y la emoción no me dejó hablar. Las lágrimas salieron, el temor fue horrible aunque yo era una mujer que había tocado piano en conciertos a los 12, 13, 14 y 15 años.

Sin embargo, me pusieron un micrófono en la boca, y no pude. Claro, es natural, había una emoción. Quizá la emoción principal, y el temor principal fue, "¿Puedo yo lidiar con este éxito? Esto significa que me voy en una posición en la que tengo que ser mejor todavía".

Préstale atención a tus temores, ellos pueden revelar tu propio carácter.

El temor nos avisa que tenemos que escoger algo. Que tenemos que tomar una decisión. Está supuesto a darnos una energía interior. Que nos empuje a tomar una acción. Si tienes temor, como esposa o como esposo, cada día cuando llega tu pareja a la casa, tienes que preguntarte, "¿Por qué?". "No, porque a lo mejor me grita". "No, a lo mejor va a encontrar que la casa, aunque la he limpiado, él va a ir a la esquina donde se me quedó una basura". Y ese temor te está avisando, que si ése es tu compañero, hay algo que no está bien. O sea, que ese temor te está avisando, "Escoge. Empuja. Haz algo. Toma acción".

Otros se van al otro lado de ese arco iris. Dicen, "No puedo". "Estoy deprimida". ¿Y qué sucede con ese patrón? Que llega el momento en que realmente crees que no puedes. Que realmente crees que él es el perfecto y tú eres la imperfecta. Que él tiene las respuestas y tú no las tienes. Empiezas a dudar de tu propia energía, sabiduría y el instinto que todos tenemos de lo que está bien y lo que está mal.

Y como el amor y el poder van juntos, ese hombre, tarde o temprano, no te va a respetar. Va a mirar en otros lugares. Va a buscar otra luz en otro lado. Porque ya la tuya está apagada. Ya tú ni siquiera levantas los ojos.

El problema es que todos los seres humanos nos acostumbramos a una situación que por muy triste que sea, es cómoda. ¿Qué quiere decir *cómoda*? Que no nos gusta el cambio. Por ejemplo, cuando llegamos a nuestra casa nos gusta ponernos los zapatos viejos, y pobre él que los bote. Porque ésos son los zapatos cómodos que estamos acostumbrados a ponernos.

Creo que una de las razones principales por la cual no nos movemos es porque tenemos temor más que nada a enfrentarnos a nuevas reglas del juego. No creemos que vamos a comprender esas reglas. Eso es basado quizá en mensajes de la niñez: "Eres un estúpido. Tú no puedes". Cuando la realidad es que sí podemos no solamente aprender nuevas reglas sino también inventarnos nuestras propias reglas.

El vocabulario del éxito

Todo empieza con los mensajes que nosotros mismos nos decimos. Son los que tenemos aquí en la grabadora ésta de la mente. Los que dicen, "No, que cuando mis hijos vayan a la escuela, entonces yo voy a volver a estudiar". Ese "cuando" y "voy" están limitándote. Te estás escondiendo detrás de eso. Aunque hay veces que hay razones muy claras. Pero hay veces que ya los niños están en la escuela y sigues sin estudiar. Entonces, tenemos que evitar esos mensajes. Puedes entonces desarrollar otro libreto.

Cuando una pareja comienza un proceso de querer cambiar, vamos a encontrar los factores de vocabulario, comportamiento y el crecimiento.

Cuando estás todavía encerrada en el comportamiento de la víctima dices, "Ay, ¿qué hago? Cuídame. Tú eres todo para mí. Yo solamente quiero hacerte feliz".

La persona que es la rebelde dice, "Si no fuera por ti. Yo no necesito tu ayuda. Déjame sola. Voy a hacer lo que me dé la gana".

Cuando hay el desarrollo del amor, ya consideras otras alternativas, vas a tomar responsabilidad. "Quizá no pueda trabajar, pero estoy dispuesta a tratar". Estarás convirtiéndote en un adulto maduro.

Si hay esa comunicación en la pareja, hay crecimiento de dos seres humanos. Pero tiene que ser un crecimiento individual, que cada uno logre. La clave es respaldar, no salvar. Es decir, "Te voy a respaldar, pero yo no voy a ser tu lazarillo, ni te voy a guiar totalmente".

Vamos a mirar el vocabulario de la persona que es víctima, y cómo cambiarlo por el de una persona con poder personal.

Empieza a ser una artista en el teatro de tu vida. Empieza a imaginarte con éxito y tendrás éxito. Empieza a imaginarte como una persona en control de tu vida y no serás víctima. Empieza a imaginarte como una persona amada,

Víctima	Poder Personal
"Yo no puedo". Porque eso significa que no tienes control de tu vida.	Puedes decir, "Yo no lo voy a hacer". Porque eso implica que has escogido no hacerlo.
"Yo debería..." Implica culpabilidad.	"Yo podría..." Implica otra vez que tienes la oportunidad, la voluntad y el poder.
"No es mi culpa". Eso implica indefensa.	"Yo soy responsable". Eres una persona con poder.
Una situación "es un problema".	No, "es una oportunidad".
"La vida es frustrante".	"La vida es una aventura".
"Es horrible".	"Es una oportunidad para crecer".
"¿Qué voy a poder hacer?".	"Yo sé que yo puedo".
"Si yo hubiera..."	"Ah, la próxima vez".

aunque el amor venga de ti, y serás amada. Que tus ojos vislumbren amor, pero también mucha dignidad.

Desapareciendo los temores

Para salir de los temores, consejos:

Mantente alerta cuando estás jugando el papel de víctima. Mírate en el espejo.

¿Cuáles son los mensajes de tu radio interno?

"Tú no puedes".
"Tú eres una estúpida".
"No deberías haber nacido".
"Tu hermano sí puede. Tú no puedes".
"Las mujeres no sirven para nada".
"¿Para qué voy a estudiar? Si de toda forma no puedo trabajar".

Escribe una lista de los beneficios que estás obteniendo manteniéndote de víctima y estando estancada. Esto nos ayuda con el primer paso para el éxito en el amor: conocernos a nosotros mismos.

Por ejemplo, "Mientras yo esté en la casa no tengo que probar a nadie si tengo éxito o si fallo".

"Si no estudio, pues por eso no puedo conseguir trabajo, por ende no tengo que probar a nadie, ¿no?".

"Mientras yo sea víctima siempre habrá alguien que me salve".

Pregúntate, ¿Qué quieres de tu vida actual? No sigas esperando por aquello de que cuando esto ocurra o de que alguien te salva. Que va a haber algo o alguien que te vaya a sacar de apuros. No culpes a nadie de las cosas negativas que te ocurren en tu vida, ni siquiera a ti misma. Míralas como una oportunidad para crecer.

La imagen del éxito

Otra cosa que nos va a hacer sentir bien con nosotros mismos, y que va a reflejar que nos amamos, es el cuidarnos.

¿Qué quiero decir con eso? Hacer ejercicios. Por lo general, cuando haces ejercicios, piensas como, "Hoy me cuidé. Hoy hice ejercicio". Hiciste algo por ti, ¿no?

Hacer una dieta. Pero esa dieta debe ser balanceada; no debes morirse de hambre.

El cuidado personal. Muchas personas cuando se sienten con baja autoestima, llegan a sentir también depresión. Entonces, se descuidan con el pelo, con bañarse, con arreglarse. Por supuesto, si estás sufriendo de una depresión profunda—que no te puedes levantar de la cama en todo el día, o lloras sin razón o muy a menudo, etc.—necesitas el cuidado profesional de un psicólogo o psiquiatra. Aquí estamos hablando de cuando te sientes deprimida o triste por culpa de tu baja autoestima. En estos casos, debes hacer una rutina de no quedarte en la cama. Hazte una lista de las cosas que tienes que hacer cada mañana para darte el empujón fuera de la cama. Comprendo que para muchas el empujón se le da ya que tienen que ocuparse de los hijos. Entonces, ése es un buen momento de pensar que acostarse temprano es muy buena idea. Porque entonces por la mañana te puedes levantar temprano y compartir con tu pareja esa taza de café. O leer el periódico juntos. Aunque no haya palabras. Porque a muchas personas realmente no les gusta hablar por la mañana, pero sí les gustaría que alguien les haya hecho un café.

Hacer algo también por ti, o combinado también con otra persona que es tu pareja. Creo que eso te hace sentir bien, sin pedirle reconocimiento de lo que has hecho, porque tú también estás recibiendo un beneficio.

La manipulación buena

La vida tiene ciertas estrategias que si las aplicas en tu vida puedes tener la gente que te rodea más feliz, ayudándote y colaborando contigo. Pero para hacer eso, tienes que saber quiénes son y qué los mueve para que quieran colaborar contigo en cualquier asociación. Esto tiene que ver con el segundo paso para el éxito en el amor, conocer a nuestra pareja.

A lo mejor la mayoría de las personas que están leyendo esto piensan, "Bueno, eso quiere decir que estás manipulando". OK. Manipular no es malo, siempre y cuando no haya una ruptura de lo que es la dignidad de la otra persona. La manipulación puede ser muy buena, si es la manipulación de poderte poner en una posición donde no solamente tú tengas éxito, sino tu pareja tenga éxito también. No hay nada malo con eso.

Si la manipulación es para que tú te vayas por arriba de la persona, que la otra persona pierda su autoestima, que la otra persona pierda sus metas, entonces sí que eso es malo. No puede ser una manipulación egoísta. Pero si estás pensando en la autoestima de la otra persona, en cuáles son los valores de la otra persona, en qué va a sacar esta persona de todo esto, entonces, los dos ganan. Y esto te pone en una situación donde no vas a ser víctima, pues te estás haciendo responsable de tu vida.

Pasos al poder personal

Estos son ejercicios que siempre estoy recomendando en mi programa. Debes escribirlos en tu diario, para poderlos revisar frecuentemente, y posiblemente añadirle cosas que se te ocurran. A través del tiempo, vas a poder ver cómo tus pensamientos y sentimientos han cambiado.

Primero, haz un párrafo que describa tus pensamientos negativos. Fíjate que no dije lista porque más adelante voy a pedir lista. Es un párrafo completo. Esto te fuerza a sentarte a pensar, y yo diría que debes de darte 5, 10, 15 minutos en un lugar tranquilo para hacer este análisis.

Pregúntate, cuando cometes un error, o alguien te señala que has cometido un error, ¿qué es lo primero que viene a tu mente? Trata de seguir esa línea de pensamiento hasta que encuentres el origen.

En otras palabras, piensa en cuando alguien te rechaza, o tienes un problema con tu relación. Eso a lo mejor te lleva a pensar en tu pasado donde recuerdas que eras demasiado gorda, que tu mamá te decía, "Tienes que comer esto, tienes que comer lo otro". Sin embargo, cuando ya llegaste a los doce años siempre te estaba diciendo, "Tienes que bajar de peso, estás gordita. Estoy viendo que tienes el pompis grande o..." O sea, que te basas en esa valorización del pasado y la llevas a lo que está ocurriendo en el presente.

Entonces, escribes ese párrafo negativo de todas las cosas que te pueden venir a la cabeza— el examen en el séptimo grado en que quizá tú fuiste la única que no pasaste y tus padres te dijeron, "Es que tu hermano es más inteligente que tú". Estamos sacando todas esas cosas negativas que las cargamos en la mochila de nuestras emociones a situaciones del presente como para confirmar esos pensamientos negativos.

El segundo paso es hacer una lista concreta de esos pensamientos. Ya hicimos el párrafo. Ahora viene la lista. Aquí anotas, por ejemplo, "Yo no soy agradable". "Yo no soy bonita". "Hay veces que yo no sé qué decir". "Nadie me quiere".

Eso es lo que has sacado en conclusión de ese párrafo negativo—estoy poniendo un ejemplo.

Entonces, escribir al lado, adyacente a esta lista negativa, una lista positiva que balancee esto. "Yo soy agradable". Sé específica cuando hagas algo positivo. "Tengo unas piernas bonitas". "Mis ojos son bonitos". "Tengo una cintura pequeña".

Aquí vas contrarrestando los pensamientos de "Yo no sé qué decir", con "Yo sé lo que tengo que decir correctamente". Si pusiste "Nadie me quiere" en la lista negativa, pues puedes decir, "A fulano, mengano y sutano, yo les soy muy agradable".

Lo siguiente es un ejemplo de cómo te puede parecer cuando terminas:

Mis pensamientos y sentimientos

Negativos	Positivos
Nadie me quiere.	Le soy muy agradable a fulano y mengano.
Estoy gorda.	Tengo las piernas lindas.
No soy bonita.	Muchos me comentan qué lindos son mis ojos y mi sonrisa.
Soy estúpida.	Saqué buenas notas en mis exámenes de bachillerato.
No sé nada.	Leo mucho.

Ahora, además de escribirlo en esa lista, vas a hacer una lista solamente de esos pensamientos positivos y ésa la vas a mantener en un bolsillo, y cada vez que tengas una situación donde tú misma te castigas con el pensamiento negativo, sacas tu lista positiva y la revisas. Llegará el momento que nada más que lo toques, no tendrás siquiera que sacar esa lista. Te servirá como un recordatorio.

Eso se debe hacer también, por ejemplo, en pequeñas notitas que pegas al espejo por la mañana. Si tienes una entrevista para un trabajo nuevo, por ejemplo, puedes escribir una notita que diga: "Yo soy capaz y encantadora". O, si alguien te ha dicho que eres estúpida, puedes escribir: "Soy inteligente y respetada". Tú escoges lo que vas a escribir, el mensaje que sea importante para ti para ese día, según tu situación. Es un ejercicio que no debes dejarlo de hacer por lo menos por treinta días. Que yo he comprobado que funciona.

En muchos casos se le llama a éstas, afirmaciones. Pero no te extrañes si cuando te miras al espejo y te das una afirmación, lloras. Porque te vas a conectar por medio de tus propios ojos con el dolor que te causó la primera vez que te dijeron algo negativo. Sin embargo, al mismo tiempo, en esa conexión vas a encontrar tu fuerza interna porque estás tomando responsabilidad de ese mensaje negativo, y lo vas a convertir en un mensaje positivo.

Debes escucharlo también. Debes decirlo en voz alta. Grabarlo. Ponerlo en una grabadora en tu propia voz, que te está dando a ti el poder de "empoderarte"—de encontrar la fuente de tu poder y ser tú la que te estás curando. Estás dejando la víctima a un lado y asumiendo responsabilidad por ti misma, por el amor que te debes a ti misma. Antes de acostarte debes leer tu lista positiva en voz alta. Y si tienes alguna persona que realmente te ama, que te quiere, léesela a esa persona.

Cada vez que un pensamiento negativo llegue, cámbialo por uno positivo. La liguita de la Dra. Isabel puede servirte como algo que va a empujar el botón para decir, "¡No!".

Uno, dos, tres—¡levanta!

Otro ejercicio importante que yo muchas veces le he pedido a la gente que me escuchan en Radio Única es, "Mencióname tres cosas que has hecho bien".

Cuando alguien me dice, "No sirvo para nada porque yo comienzo algo y no lo termino", por lo general, eso es señal de pobre autoestima, que si no terminas algo, posiblemente no puedes juzgar si tuviste éxito. Pero más que nada es por temor a que vas a fallar, temor a que no vas a lograr esto. Entonces, yo siempre les pido, "Dime tres cosas que en tu vida has hecho, bien hecho".

En este caso, como no estamos en la radio, te

voy a pedir que hagas una lista de tus éxitos en la vida. Pueden ser tan increíbles como "Yo terminé la secundaria". O, "Terminé la primaria aunque mi madre murió cuando yo tenía cuatro años y mi papá y mi madrastra no querían que yo estudiara". "Sé leer y escribir, me he enseñado yo sola". "Yo hago las mejores tortas de chocolate". "Bailo la salsa mejor que nadie".

Estos te vienen a servir como anclas para sentirte segura de ti misma. "Pues, yo sí pude..." y recordarte, recrear cómo fue posible que llegaste a hacer esa cosa. A lo mejor bailar es algo natural, es una habilidad propia. Reconócela. A lo mejor hacer la mejor torta de chocolate viene de que es una habilidad propia, tuya, de cocinar, y eso te puede dar indicaciones de futuros éxitos en tu vida.

Yo he tenido la oportunidad de conocer a grandes mujeres que han llegado a este país con nada. Y se han recordado de la habilidad de cocinar, o de una receta que ellas hacían con la abuela. Una de las personas que ha tenido más éxito es una mujer que comenzó haciendo gelatinas con frutas en la costa oeste de los Estados Unidos. Hoy en día tiene un imperio, en el cual miles de personas trabajan para ella. Hace dulces para los distintos comercios. Ella es una industria de millones de dólares. Y empezó haciendo gelatina.

Entonces, esta lista de tres cosas te sirve no solamente como ancla para tu autoestima, sino también para indicarte lo que puedes hacer para levantar aún más tu autoestima.

Lo que me gusta a mí

Otra cosa importante es hacer una lista de cosas que te agradan hacer.

Aquí pones todo lo que te gusta y te agrada hacer que es bueno para ti, nada que pueda ser dañino para ti. No incluyas, por ejemplo, que te gusta comer tres paquetes de papitas fritas. Comer algo en exceso te hace daño. Tomar algo en exceso te hace daño. Te puede agradar hacer el sexo 24 horas al día, y no es que sea malo, pero estás evitando hacer cosas que sean más constructivas que ésa.

Tampoco pongas cosas que cuesten mucho dinero. Lo que estamos tratando de hacer es evitar adicciones para llenar el vacío. Muchas veces cuando las personas tienen baja autoestima, y se sienten vacías, tratan de llenar ese hueco por medio de adicciones—ya sea de comprar, ya sea de tomar, ya sea de usar drogas— tratando de evitar sentir el dolor del vacío.

En esa lista de cosas que te agradan hacer, pon un baño de burbujas, leer un libro sin interrupciones, pedirle a una amiga que te cuide a los hijos y tú otro día le cuidas a los de ella. Haz una especie de compromiso, con alguien que conozcas. Es decirle, "El miércoles necesito tres horas.

Tú cuidas mis hijos, yo después cuido tus hijos".

A lo mejor te gustaría caminar por un parque, por un bosque, por una playa. Hay veces que además de eso, eso te puede ayudar a sentirte mejor sola. La mayoría de las personas que tienen baja autoestima siempre están tratando de llenar sus vidas con algo, o con alguien. El temor mayor que sienten es que realmente se tengan que enfrentar a sus propios temores.

Por medio de esta lista puede empezar a agradarte estar contigo misma, escuchar música y estar sola. Si el caso tuyo es que tienes una vida en la cual no te das tiempo para ti, trata de hacer un ejercicio a solas. Si en tu vida lo que sientes es mucha soledad, trata de hacer algo con otras personas que sea agradable para ti. Irte a tomar café con unas amigas, ir a un grupo de voluntarios y ayudar a niños que no tienen mamá y papá, ir a un lugar de ancianos y leerles un libro.

Mi foto álbum

También te recomiendo que hagas un álbum, como si fueras un artista, que celebra quién eres. Trata de hacer un álbum que celebre tu persona en tu vida.

Revisa tus fotografías. La mayoría de las fotografías son de momentos agradables. Nadie pone una fotografía de cuando alguien murió, por lo general, aunque sí lo he visto. Escoge las que son de días felices y momentos especiales: El día que te sorprendieron con una fiesta de cumpleaños, el día que te graduaste de la secundaria, el primer carro que te compraste.

Con fotos como ésas estás confirmando que tú sí has tenido éxitos en tu vida y que hay gente que te aman por quien eres. Y esto no es una cosa que se hace una vez y se olvida. Sigue añadiéndole fotos. También, de vez en cuando, siéntate a revisar tu álbum a solas, recordando esos momentos positivos y celebrando tus logros.

El balancín del éxito

Con todos estos ejercicios vas mejorando tu autoestima, desapareciendo tus temores y recuperando tu poder. Y cada día debes mirar para ver dónde estás en el camino al éxito.

Imagínate un balancín como los que se encuentran en los parques para los niños, lo que en ciertos países le dicen un cachumbambé. En la parte de abajo ponle dolor, tristeza, víctima. En la parte de arriba ponle poder, amor, luz, seguridad propia y éxito.

El balancín del éxito

dolor, tristeza, víctima	poder, amor, luz, seguridad propia, éxito

▲

Todos los seres humanos se deben levantar por la mañana, sobre todo ese tipo de mujer u hombre que se encuentra en la parte de abajo, y hacer afirmaciones positivas que son como poner piedrecitas en la parte de arriba: "Yo tengo poder y yo soy amada. Yo tengo poder y soy cariñosa. Yo tengo poder y me encanta".

Estas afirmaciones nos llevan de que "Alguien me ama", a que "Yo puedo amar", hasta el tercer punto que es "Yo me amo".

Hacer estas afirmaciones te va a dar el empujoncito para moverte hacia el éxito. Podemos mirarlo también como si estuviéramos subiendo una escalera. En la parte de abajo, está el temor total. Parálisis. Y vamos a poner los escalones que nos lleven al poder, al "Yo sí puedo". Lo puedes dibujar y poner en una pared para poderte motivar tú misma a seguir moviéndote en la dirección correcta.

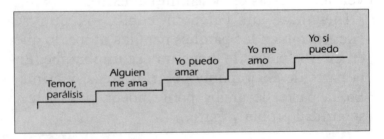

Cada día miras y te preguntas: ¿Estoy en el mismo lugar? O, ¿esta acción me está moviendo un poquito más hacia el poder personal?

Por ejemplo, la esposa que tiene temor que el

esposo entre por la puerta—cambia la situación, cambia el programa. Pon música quince minutos antes de que el esposo llegue a la casa. O haz algo que en el pasado has encontrado que te da poder y fortaleza. Haz visualizaciones donde te transportas a ese momento en que te sentiste bien. Que te sentiste todopoderosa.

En ese momento—cuando estás imaginándote eso—mírate en el espejo. ¿Cómo estás mirando? ¿Dónde está tu cabeza? ¿Cómo se mueve tu cuerpo? ¿Cómo es tu postura? ¿Cuál es el lenguaje corporal? Es el lenguaje de una persona que tiene éxito.

Practica esa posición delante de un espejo. Pon la música si eso es lo que te gusta. Y cuando llegue tu esposo, vas a tener la posición de una mujer con éxito, de una mujer que ha decidido tomar control de su vida y que puede seguir los pasos para el éxito en el amor.

CAPITULO 10

El sexo

El sexo es un rito sagrado en la
religión del amor mutuo, y como
todo rito sagrado es un encuentro
en los misterios.

Ethel S. Person, M.D.,
'Mapping the Terrain of the Heart'

Ya hemos visto que conocernos a nosotros mismos y conocer a nuestra pareja mejora nuestra relación. Con eso como base, podemos decidir cuáles son nuestros gustos, nuestras necesidades y nuestros límites. Es conocernos al nivel emocional, espiritual y físico. Ese conocimiento nos abre la posibilidad de crear la intimidad necesaria para el éxito en el amor.

Parte de esa intimidad total que nos une como pareja es el sexo.

Nuestra sociedad le ha puesto—e impuesto también—el conocimiento sexual al hombre, con la interpretación y con la suposición de que la mujer no sabe nada y ellos son los maestros.

Pero como hemos podido observar por generaciones, no todos los hombres son iguales como no todas las mujeres son iguales. Hay buenos maestros y hay maestros muy malos. Por eso, creo que al igual que el hombre debe tomar responsabilidad del cuerpo suyo, la mujer en esta era debe tomar responsabilidad también de su cuerpo.

Me acuerdo que cuando yo era más joven, cuando hablábamos sobre la menstruación entre compañeras era simpático como le poníamos nombres, como clave, y decíamos, por ejemplo, "¿Te llegó Pedrito este mes?". Ese tipo de cosa.

Hay que quitarle ese misticismo.

La mujer debe conocer su cuerpo. Conocer su propia anatomía, sus genitales, la va a ayudar a maximizar su placer sexual. Debe dejar atrás un poco los tabúes que existen en nuestra sociedad relacionados con nuestras partes genitales. Debe conocer cuáles son sus zonas erógenas y comprender cuáles son las cosas que le dan placer y cuáles cosas que no. Y debe tener la confianza e intimidad para poder explorar y comunicar con su pareja.

> **Cada miembro de la pareja debe asumir responsabilidad por su propio placer.**

La mujer también debe conocer cuáles son sus opciones para evitar el embarazo. Por supuesto, no quieres tener un hijo cada vez que tienes sexo, ¿no? Debes saber si estás dispuesta y te conviene usar un anticonceptivo oral (la "píldora" o "pastilla"), o si prefieres o te es mejor usar un condón. Posiblemente, por razones religiosas o porque eres alérgica a la píldora o al látex en el condón, prefieres notar tus ritmos naturales y evitar el sexo en ciertos días.

Cómo lo haces no es importante. Lo que sí es importante es que reconozcas que tienes opciones, que sepas que éste es tu cuerpo y que tú debes ser la que decide si vas a concebir. Obviamente, ningún sistema anticonceptivo es perfecto. Aunque unos son más ciertos que otros, todos pueden fallar. Pero la mujer que quiere tener control de su propio placer debe saber cómo quitarse la preocupación de que va a salir embarazada.

Mentiritas, mitos y el orgasmo

La artista más grande en la cama es la mujer. Si yo tuviera un centavo por cada mujer que me ha llamado a Radio Única y me ha dicho, "Yo tengo 20 años de casada y mi marido no sabe que no he tenido un orgasmo", estaría rica. Eso es excesivamente común.

Yo les pregunto, "¿Tú se lo has dicho?".

Casi siempre me responden, "No, porque tengo miedo de herirlo".

Creo que si quieres cambiar la situación, se lo vas a tener que decir. No le digas que en 15 años no has tenido uno. Pero sí le puedes decir, "Ultimamente me siento que no estoy llegando al clímax. No te lo quería decir por no herirte. Pero también me he dado cuenta de que cuando tú haces esto, esto y esto, eso sí me excita".

O sea, que no le estás diciendo que "Eres un fracaso total". Significa que antes de que abras la boca hayas analizado lo que te gustó y lo que no. Porque tú eres responsable también de dirigir y de decirle, "Me gusta esto".

¡Ojo! Este tipo de cosa se debe discutir lejos de la cama. Nunca evalúen la forma de hacer el amor acabado de hacerlo. Más adelante, cuatro o cinco horas más tarde, puedes decir, "Me encantó la forma como me acariciaste los pechos. Me encantó la forma como me acariciaste la cara"—lo que te haya gustado.

Creo que estamos ya en un nuevo milenio donde se ha explorado suficientemente que la mujer sí siente placer. La responsabilidad de este placer no cae solamente en manos—literalmente—del hombre, sino también en las de ella. Al poder destruir las murallas de muchos mitos o de timidez y decir la verdad, la mujer puede tomar responsabilidad de sus necesidades y decirle al hombre, "Mira, si me tocas acá, o si me tocas allá, me gusta más".

Para poder decir eso se supone que el hombre te ha tocado ya de vez en cuando en esas partes y te ha gustado. O puede ser que las encontraste a través de la autoexploración, que conlleva que no le tienes temor a tus partes, que abrazas tu sexualidad. Como sea. Lo importante es reconocer que la exploración sexual de la pareja no es algo de ¡Pun! ¡Pun! ¡Pun! Es cuestión de besos, de caricias y de masajes para prepararnos a llegar al orgasmo.

El horno y el pastel

Al igual que uno no pone un pastel al horno si ese horno no ha sido previamente calentado, tiene que haber un tiempo de calentamiento para el sexo. Si pones un pastel en el horno cuando el horno todavía está frío, pues a lo mejor no se levanta la masa de ese pastel.

Así es con el sexo también: La preparación es lo más importante.

Si el hombre pretende excitar a la mujer sólo por medio de la penetración, lo que le va a producir es dolor o, por lo menos, ardor. La penetración, aunque causa mucho placer a la mujer, debe ser hecha una vez que ella ya esté suficientemente excitada.

Por eso, hay que conocer nuestras zonas erógenas.

Sabemos que, por sus terminaciones nerviosas, nos pueden excitar mucho los besos en toda esa área de los labios. Iguales son los senos, donde tenemos los pezones con sus múltiples terminaciones nerviosas que son sensibles al contacto. Hay mujeres que les gusta que le toquen los senos. Hay otras que no les gusta. Eso no las hace ni malas ni buenas, sino que no les gusta.

También tenemos la parte de la vía genital de la vulva, la vagina, los labios mayores, los labios menores y el clítoris, que es posiblemente lo que da más placer a la mujer. Adentro tenemos el famoso punto G, que es el punto de concentración de nervios que al excitarse provocan un orgasmo intenso.

Debemos explorar juntos para descubrir cómo y dónde nos gusta que nos toquen.

Para la mujer, por supuesto, los masajes del clítoris son los más importantes. Se deben hacer circularmente en toda el área, incluso los labios. La frotación vaginal te va a hacer llegar al orgasmo cuando se hace vaginalmente y el hombre aprende a hacerla al famoso punto G.

Mayormente para llegar al punto G se insertan dos dedos, que deben estar lubricados. Al introducir los dos dedos vas a buscar el punto elevado y acanalado en la pared frontal que está localizada detrás del hueso púbico. Ése es el punto que se conoce como el punto G.

¡Cuidado! Con todos los masajes que tengan que ver con el área sexual de la pareja se deben de usar cremas que son específicamente para esa área. Si no pueden haber reacciones malas.

Los movimientos que se deben hacer son movimientos como si estuvieras llamando a una persona. Puedes más adelante hacer presión, como si tocaras un timbre repetidamente.

Por favor no se vayan a pensar que esto es una tareíta de maestra escuela, que lo tienen que hacer todos los días. Si les da la gana hacerlo todos los días, y tienen el tiempo, a mí no me importa. Pero yo creo que esto debe ser algo especial.

No nos olvidemos de que no todo el mundo reacciona al masaje igual. Hay personas que nunca han experimentado un masaje. Puede que les dé cosquilla. Magnífico. Ríanse. Jueguen. El masaje es como el merengue de la torta. Antes de ponerle el merengue a la torta tienen que tener los ingredientes, tienen que tener la torta y tienen que haber sobre todo calentado el horno.

Conociéndome a mí

También, como ya les dije, es importante conocer tu propio cuerpo y conocer qué es lo que te gusta y qué no.

Cuando recibo llamadas de mujeres que me dicen que nunca han tenido un orgasmo, una de las preguntas que les hago es, "¿Alguna vez has explorado tu cuerpo? ¿Te has masturbado?".

Casi siempre me dicen que no. Muchas veces esto es el resultado de una crianza donde del sexo nunca se habló. Se consideró tabú. O malo.

La masturbación no debe ser vista como algo malo. La masturbación es simplemente ir a donde tú sabes que te das placer, de cualquier modo posible—o con juguetes o con tu mano—y llegar a tu satisfacción de clímax.

Al conocer tú misma qué es lo que te da placer, puedes compartirlo con tu compañero para que él te pueda hacer llegar a tener orgasmo.

> **Una mujer que sabe cómo darse placer le puede enseñar a su pareja como darle placer.**

¡Ojo! Hay personas que me han llamado que me dicen, "¿Es la masturbación mala?". Yo les digo, no, a menos que estés obstaculizando el resto de tu vida. He tenido personas que me dicen que se masturban siete, ocho, nueve veces al día. Lo hacen antes de ir al trabajo, en el trabajo y después del trabajo.

Cuando hay un exceso de masturbación es señal de una mente que está deprimida y que el único placer que siente es en esos segundos cuando llega al clímax. Es señal de una persona que se ha aislado y que no quiere tener contacto con otro ser humano debido a falta de autoestima, a timidez, a temor de no ser aceptado, etc.

Pregúntate, ¿Qué puedo estar haciendo con mi vida en vez de esta masturbación excesiva? ¿Es que no confío en que nadie me puede dar ese placer? ¿Es que la única persona que me puede dar ese placer soy yo? Si la respuesta es sí, tienes un problema. Ve a buscar ayuda.

Cuando caliente el sol, y cuando no

Todos no somos iguales, ni en lo que nos gusta ni cuándo nos gusta.

Hay personas que son mañaneras, otras que son nocturnas y otras que a veces son nocturnas y otras veces son mañaneras. A lo mejor tú eres matutino los domingos porque sabes que tienes más tiempo.

La pareja debe tener bien claro esos gustos. Tiene que reconocer, "O, a mí me gusta más el sexo por la mañana contigo". Pues eso significa que se van a acostar más temprano para poder tener calidad de sexo por las mañanas. Eso significa que si a ti te gusta ese sexo matutino, que a lo mejor tienes que lavarte los dientes antes de hacerlo e ir al baño a orinar—una serie de factores que conlleva ese sexo matutino.

El sexo nocturno, quizá signifique que los dos se bañen antes de acostarse en la cama. Porque yo creo que los olores del día hay veces que no son sexuales. Sin embargo, hay parejas que les encanta ese olor. He tenido parejas que me han dicho, "A mí me gusta ese olor. No me gusta que se lave. No me gusta que se bañe".

Bueno, hablen claramente de eso. ¿Cuáles son los gustos? ¿Qué es lo que te gusta? Eso no obliga a tu compañero a hacer todo lo que te gusta. Ni a ti a que hagas todo lo que él te pida. Como ya mencionamos en el capítulo sobre los valores, hay que respetar a la otra persona. Quizá a ti no te gusta que me bañe, y quizá te gustan mis olores. Pero a mí personalmente, me daría mucha vergüenza. Yo me tengo que bañar. Confórmate con el olor que queda.

Los ritmos naturales

Así como hay tiempos del día cuando más o menos nos gusta el sexo, también hay veces cuando las mujeres tienen las hormonas sexuales más altas y quieren el sexo más que en otros tiempos. Eso viene a coincidir con el momento de la ovulación, más o menos en el día 15 de su ciclo de menstruación de 29, 30 ó 31 días, y es cuando hay más posibilidad de caer embarazada.

Entonces, hay que seguir los propios ritmos que tenemos nosotros. Hay que reconocer cuáles son los ritmos de tu esposo y cuáles son los tuyos. Mientras más excitada estás, más tienes que preguntarte, ¿Será que estoy efectuando la ovulación? ¿Estoy dispuesta a tener un hijo? ¿O es mejor que me proteja?

Durante esa misma temporada, unos 14 días antes de la menstruación, la mujer puede sufrir de lo que se conoce como el síndrome premenstrual. Sus emociones pueden estar afectadas negativamente por la elevación de los niveles de sus hormonas. Puede llorar o gritar fácilmente. Puede sentir dolores en su abdomen y sufrir de dolores de cabeza intensos.

Al reconocer que es causado por las hormonas y recurrente, la mujer y su compañero pueden encontrar patrones de conducta que minimizan el efecto negativo—evitar el sexo, evitar el estrés—y así llegar a tener una relación más íntima y fuerte.

Al seguir tus propios ritmos naturales, vas a tener más placer. Es obvio. Pero no solamente se tienen que poner de acuerdo sobre cuándo lo van a hacer, pero también sobre cuánto.

¿Qué quiero decir con eso?

He recibido muchas llamadas de personas quejándose, "No, mi mujer quiere tener el sexo dos y tres veces al día, todo los días". Entonces, si ustedes dos están de acuerdo, no me habrían llamado, ¿no? El problema es que hay personas que tienen distintos niveles de sensualidad, de libido.

Otras veces es por la muy común razón de

que la mujer no se está divirtiendo al igual que el hombre. Muchas veces he recibido llamadas como la de una mujer que me dijo, "Este hombre lo único que quiere es cama. Lo hace cuatro veces a la semana".

Yo le contesté, "Cuatro veces a la semana en muchos casos es un promedio. Pero deja preguntarte, ¿Cuando eran novios, cómo era él contigo?.

"¡Ay, Jesús! Siempre quería estar arriba de mí".

"Entonces", le dije, "¿qué te sorprende?".

Barreras en el camino al orgasmo

Debemos reconocer que hay veces que no vamos a llegar a ese clímax—ya sea por cambios propios de nuestro cuerpo o por problemas emocionales. Puede ser que hemos tenido problemas o que hay estados de ansiedad. Puede ser que hay resentimientos en la pareja que actúan como murallas al placer.

O puede ser que no tienen un lugar donde pueden estar solos para crear la intimidad necesaria. Hay parejas que tienen una situación en la casa por la cual tienen los niños durmiendo en el mismo cuarto con ellos.

El hombre tiene un poder de concentración cuando está haciendo el acto sexual muchísimo más grande que la mujer. Cuando un hombre llega al clímax, se puede caer la casa abajo, que el clímax termina. Pero las mujeres, yo creo que estamos alambradas para responder a nuestro medio ambiente porque somos las responsables de ese hogar—que si el niño lloró, que si tocaron la puerta, todo lo demás.

¿Qué se puede hacer para poder desarrollar esa intimidad y no la frustración que muchos deben sentir? Si quieren que la mujer llegue al clímax la pareja va a tener que encontrar por lo menos de vez en cuando un tiempo aparte de los hijos. Dejen los niños con sus abuelos, con una amiga. Váyanse a un hotel.

Para hacer el acto sexual la mujer tiene que poder desconectarse de la vida diaria y concentrarse en hacer el amor. Tiene que poder cerrar la puerta a los problemas. Pero para que ella haga eso aun cuando haya habido un problema en la pareja tienen que tener una confianza absoluta. Ella tiene que poder pensar, "Sí tuvimos un problema hoy pero nosotros nos amamos tanto que podemos hacer el acto sexual y olvidar lo que tenemos en la agenda de problemas". Sabe que lo va a resolver mañana. Es ese estado de esa confianza en tu pareja de que tú lo amas, que él te ama a ti, y que los problemas son parte de la vida diaria, pero no en este momento. Es poder decir, "Vamos a dejarlo todo a un lado y vamos a disfrutar este momento".

Esa misma confianza es la que te permite decirle a tu pareja, "Esto me gusta". Pero eso no es lo mismo que estar dirigiendo el tráfico y diciéndole, "Ahora aquí, ahora allá".

Es mejor decirle a tu pareja las cosas que te placen usando la exposición "yo" que ya mencionamos en el capítulo sobre la comunicación. Puedes decir, "Yo me siento muy excitada cuando..." Llena tú ese blanco.

Y no se olviden de incluir en lo que estás diciendo el porqué: "Yo me siento muy excitada cuando me tocas esta parte de mi cuerpo porque he notado que me da como cosquillas". O, "Me siento que me llevas hasta el cielo". Porque ya entonces le vas dando a tu pareja una indicación del grado de placer que te está dando:

"Yo me siento muy excitada cuando he llegado al orgasmo clitorial pero tú todavía tienes energía para continuar y yo poder llegar a un segundo o un tercer orgasmo".

Mientras más confianza, mejor orgasmo, mejor clímax.

Mírame a los ojos

Si quieren una intimidad más intensa cuando están haciéndose el amor, abran los ojos de vez en cuando. Cuando se están acariciando mírense a los ojos profundamente.

Cuando haces eso te estás viendo a ti misma por medio de la mirada de a quien tú amas. Te estás viendo amada por esa persona. Esa conexión es muy fuerte. Hay veces que es tan fuerte que no se puede hacer intensamente. Si ese es el caso tuyo, prueba abrir los ojos de vez en cuando y cerrarlos.

Inventando un nuevo libreto

Cuando está faltando un poco la excitación en la pareja, muchas veces la solución es fácil: invéntense un nuevo libreto. Hay veces que es el mismo cuento, en el mismo cuarto, en la misma posición, en el mismo tiempo, en el mismo todo. Creo que hay que cambiar el escenario y el libreto.

No quiere decir que todos los días tengas que hacer un invento en la cama. Pero sí puedes hacer cosas diferentes de vez en cuando: jugar fantasías de que hoy yo soy tu enfermera y tú eres mi doctor. O yo soy una cabaretera y tú llegaste a la mesa y me vestí de esta forma. Cambia de lugar. No siempre hay que hacerlo en la cama—hazlo en el piso.

Yo recomiendo mucho a las parejas que cada dos o tres meses, de acuerdo con su situación económica, que digan, "Nos vamos a un hotel. Vamos a ir caminando por la playa, después nos vamos al hotel, y por la mañana desayunamos en la cama". Lo que les guste. Pero que sea algo fuera de la rutina. Es importantísimo.

Y no todo tiene que ser de noche, caballeros. Que no nos olvidemos que padres que tienen hijos en la noche se han acostumbrado a dormir. Entonces hay ciclos nocturnos. A lo mejor se fueron al hotel tal por la noche y se quedaron dormidos los dos, porque están cansados. Eso no quiere decir que no haya sido algo que necesitaban hacer. A lo mejor dormir es bueno, y despertarse después sin el apuro también lo puede ser.

Si a tu marido le gustan los deportes puedes, por ejemplo, llevarlo a ver uno de los juegos que esté más excitante. Eso le levanta al hombre las endorfinas. Se sienten excitados. O lleva a los hijos a casa de una amiga y prepárale alguna comida especial, de los gustos de él. Eso excita al hombre.

A una mujer le puede excitar que la lleves a ver algo que a ella le guste—una película o un concierto, por ejemplo. La mujer tiende a ser más romántica. Tengan una comida suave en el cuarto. Puedes poner algo que venga con chocolate y pueden usar el chocolate después en otras partes del cuerpo. Pueden hacer el juego de "a ver dónde escondí el caramelo". Y hay que encontrarlo.

También debemos recordarnos que el acto sexual no termina con el clímax. Inmediatamente después de ese acto sexual debe haber un período que lo necesita posiblemente más la mujer que el hombre, de ese abrazo, de cariño. No es darle la espalda. Eso es como decir, "Ya acabé contigo y ya no me importas". Porque también recibo muchas llamadas de mujeres que me dicen, "Después de que entró y quedó satisfecho, se puso a un lado, y se quedó roncando".

Lo que sucede es que hay un estado fisiológico que le ocurre al hombre cuando llega a su clímax, que le da sueño. Esa adrenalina que sintió, cae. Completamente. Pero en la mujer, la deja en un estado de cariño, de amor.

Trabas emocionales

Por supuesto que hay que comprender que si hay una mujer que se demora más de media hora, que está en otro tipo de situación. Puede ser que ella tiene un problema de desequilibrio hormonal, puede ser que está pasando por unos estados depresivos o que tiene un problema de revivir un pasado de trauma sexual.

Pueden ser también otros factores emocionales. Así fue el caso de una mujer que me llamó y me dijo que desde que nació su segundo hijo, no quería tener relaciones con su esposo.

"Él trata pero yo, en verdad, no quisiera ni que se me acerque, ni que me abrace", dijo ella. "No fue un niño planeado, fue así de repente, y yo no quería tener otro hijo. Y luego rompí mi estilo de vida, mi libertad. Todo eso".

"Fíjate", le dije, "tenemos varias razones emocionales por las cuales no queremos hacer el amor. Número uno está el temor a volver a caer embarazada. Estos son temas que tienes que procesar para sentirte con más deseo. Abre tu corazón a tu esposo y dile, "Mira, hay veces que no tengo deseo, pero me he dado cuenta de que es por ésta y ésta y esta razón. Trata de enfocarte en las cosas lindas que te ha traído ese niño y no en las que tú has perdido".

Yo creo que lo más importante es que las parejas al principio deben determinar qué es lo que les gusta. Si a ti como mujer no te gusta el sexo, y para este hombre una vez al mes es suficiente, ustedes son la pareja perfecta.

Lo que pasa es que en la sociedad que vivimos se hace tanto énfasis en el sexo, que muchas veces no queremos decir si no nos gusta. Uno, por falta de experiencia. Otro, porque a lo mejor ha sido víctima de traumas sexuales. Y no te gusta. Pero decir, "Sinceramente yo no me siento con deseo del sexo" puede ser la puerta que abra a la otra pregunta, "¿Y por qué?".

Enfrentando el abuso sexual

En mi tiempo de consejera me sorprendí muchísimas veces tratando con mujeres que venían a mí con problemas de relaciones o falta de relaciones y se les era muy difícil determinar por qué. Yo sentía que "aquí pasa algo". Pero esa historia no venía. Hasta que un día me vino a ver una muchacha y era tan fuerte el sentimiento que tuve que dejarme llevar por mi intuición y le dije, "¿Cómo era tu relación con tu padre? ¿Hubo abuso sexual?".

Y esta muchacha me miró a los ojos, por primera vez sorprendida, como si fuera la primera vez que ella se estaba enfrentando a su propio abuso. Y dijo, pero sin emoción, "Sí. Mi padre me abusó sexualmente, pero también se lo hizo a mis hermanas". Como diciendo, así era la cosa.

Esa sorpresa posiblemente me preparó para muchas de las situaciones que yo oigo en la radio y que en dos minutos en vez de en 15 sesiones tengo que llegar.

Me impresiona el abuso de la mujer que ha existido por generaciones en nuestros países. Tenemos que romper los eslabones de esta desgraciada cadena. La mujer debe tomar control sobre esta situación. Y las madres también quitarse las vendas. Porque les ocurrió a ellas y nadie hizo nada por ellas no significa que esto no es una llamada para que ellas protejan a sus hijas y eviten que esto ocurra.

En el caso peor la persona queda traumatizada y no quiere hacer el sexo porque no considera que eso es hacer el amor. Tanto violaron sus fronteras que ha levantado una muralla.

Puede ocurrir que la pareja que escogen es una pareja sensitiva y hasta cierto punto tímido, al cual pueden parar con decirle, "No, yo no quiero". O sea, que toman control por medio de la pareja que han escogido.

En otros casos puede que escogen exactamente la figura de un violador. De un hombre duro. Mientras más duro, más brusco, sea el sexo, mientras más dolor sientan, más se sienten amadas.

En el caso más leve, la víctima del abuso tendrá momentos cuando huye del sexo sin saber porqué. O se da tiempo fuera del sexo para recobrar sus energías. Puede que asista a su propia masturbación porque ella es la que se está dando permiso a hacerlo y así está controlando lo que le sucede a su cuerpo.

Si su pareja quiere ayudar, el paso más importante es pedir permiso. "¿Cómo te sientes?". Compartir con ella: "Me siento amoroso contigo. Me gustaría hacer el amor".

Es bueno demorarte o quizá usar un preámbulo que le guste a ella. "¿Cómo a ti te gusta que yo te enamore?".

En otras palabras es importantísimo pedir permiso. Y si la persona dice, "Hoy no", respétala. Si la frecuencia de los "hoy no" te están molestando mucho, por supuesto que la ayuda de un sexólogo o de los grupos de personas que han sido abusadas sexualmente te puede ayudar muchísimo.

La medida perfecta

No son sólo las emociones y las hormonas las que afectan al sexo. También hay diferencias fisiológicas. Recibo una cantidad de llamadas de hombres con pene pequeño o pene gigantesco quejándose de que les están causando mucho dolor a sus esposas, o no les están dando suficiente placer.

Yo recomiendo que sean creativos. No hay que siempre tener penetración completa para llegar al placer. Pueden experimentar con distintas posiciones que permiten mayor o menor penetración. También hay juguetes sexuales que pueden utilizar.

Una señora ya mayor, de Argentina, me llamó a mi programa en Radio Única y me contó que en su país tenían unas cosas que se inflaban, parecidas a pequeños salvavidas, que los hombres que eran muy grandes se ponían en el pene para reducirle el largo que entraba a la mujer. No las he encontrado aquí, pero si ése es un problema que tienes, posiblemente las puedes buscar.

Controlando la eyaculación precoz

Hay muchos factores físicos que afectan el sexo, no solamente el tamaño. Uno de los más importantes es la eyaculación precoz.

El hombre cuando empieza a sentir ese sentimiento de placer, le cuesta trabajo parar. Hay una cierta impulsividad en el hombre, en vez de reconocer que cuando para y tiene que volver a empezar, posiblemente pueda obtener más placer en la segunda vuelta. O en la tercera.

Uno de las cosas que se recomiendan para retardar esa eyaculación es cambiar de posición o que tu compañera apriete la cabeza del pene en el momento que tú le digas, y así ayudarte a aguantarte un poquito más.

El hombre también puede masturbarse antes y entonces, posiblemente, cuando se acuesta con su esposa tenga un tiempo más largo antes de llegar a ese clímax.

Las etapas de la vida: hombres

También vienen cambios con los años.

El funcionamiento sexual de un hombre, de lo que es la adolescencia hasta los 28 ó 29 años, no es igual que el funcionamiento sexual de un hombre de los 30 a los 40, ni es igual de los 40 a los 50, ni lo es de ahí en adelante.

Con los años, muchos hombres sufren de impotencia. Eso no significa que el hombre no funcione. Sí, puede funcionar, siempre y cuando su compañera reconozca esos cambios del hombre y los pueda reconocer en ella también.

Por eso siempre es más importante esa unión emocional de amistad que hay en una pareja para poderse comprender y para poderse llegar a estimular. Utilicen la visualización y tengan momentos románticos. Ten en mente, ¿Qué es lo que le gusta al hombre tuyo? ¿Qué es lo que lo excita? ¿Qué es lo que lo hace olvidarse de todos sus problemas?

Recordarle de sus habilidades presentes y de los funcionamientos exitosos del pasado es una forma de levantar la autoestima de esa persona, y de ahí a levantar el pene.

Tenemos que recordarnos que no hay cosa más importante para el hombre que el poder sexual. La erección lleva toda la fuerza de su hombría. Pero hay varios factores que afectan su capacidad sexual.

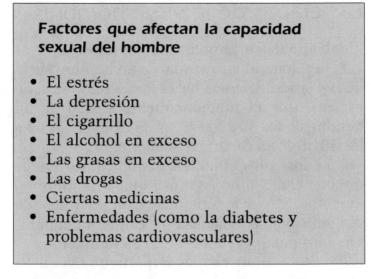

Factores que afectan la capacidad sexual del hombre

- El estrés
- La depresión
- El cigarrillo
- El alcohol en exceso
- Las grasas en exceso
- Las drogas
- Ciertas medicinas
- Enfermedades (como la diabetes y problemas cardiovasculares)

Para muchos de nosotros es casi imposible evitar el exceso del estrés: vivimos en ciudades donde lo que nos rodea son monstruosidades de edificios donde vive mucha gente en muy poco espacio. Al no tener espacio se siente más estrés. Al tener que manejar en esos tranques tan horribles te aumenta el estrés. Afecta lo que es el funcionamiento sexual.

También afecta ese funcionamiento lo que es

el cigarrillo, que tupe las venas, y el alcohol. Con moderación el alcohol no es malo. En exceso lo es. Al igual, tienes que darte cuenta de qué estás comiendo. ¿Estás comiendo con muchas grasas? Eso tupe las arterias. Todo lo que venga a tener un impacto en tus vías sanguíneas afecta tu actividad sexual.

Tampoco podemos olvidarnos de las drogas. Muchas personas me dicen, "Ay, yo he tenido un sexo increíble cuando usé cocaína. O cuando usé marijuana". Muchas veces, es tu fantasía la que lo hizo. Otras veces efectivamente al principio te excita, sobre todo si eres una persona depresiva, pero con el tiempo no sólo pierde su efecto sino que te afecta de forma muy negativa.

Si tienes un historial familiar de diabetes ten mucho cuidado, porque eso afecta tu poder de erección.

También puede suceder con las medicinas. Cualquiera que tomas puede afectar tu funcionamiento sexual. Hay fármacos que pueden causar la impotencia. Así es con la mayoría de las medicinas que tienen que ver con la circulación, con problemas del corazón, la presión alta y el colesterol. Si está teniendo ese efecto en ti, averigua con tu doctor cuáles son las alternativas que existen.

Otros problemas pueden ser indicación de que tienes que ver a un médico pronto. Si estás teniendo dificultades en llegar al clímax es posiblemente señal de un problema urológico. Una erección que dura por mucho tiempo puede ser señal de un problema vascular. Puede ser muy peligroso. Incluso se puede atrofiar el pene y hay que cortarlo.

Las etapas de la vida: mujeres

Las mujeres también experimentan cambios con los años. Uno es que se les va debilitando los músculos pélvicos. Recibo muchísimas llamadas de mujeres que dicen que sus esposos quieren tener el sexo anal, dado que no sienten placer ya por la parte vaginal porque las paredes están muy flácidas. O sea, que al igual que tenemos músculos en nuestros brazos, en nuestras piernas, en todas partes de nuestro cuerpo y para mantenerlos fuertes tenemos que hacer ejercicio, también es así con los músculos vaginales.

Yo lo que recomiendo son los ejercicios pélvicos de la Kegel, usando los mismos músculos que usas cuando estás orinando y quieres parar el flujo de la orina:

1. Contraes esos músculos y los aguantas al conteo de cinco.
2. Los vuelves a dejar relajar por unos cinco.
3. Y los vuelves a apretar.

Eso te va a ayudar en el acto sexual, porque cuando estés siendo penetrada y tú mueves esos músculos, no solamente le estás dando un poco de placer a tu compañero, sino que puedes llegar más a tu punto G, que te lleva al orgasmo.

La menopausia

Cuando viene lo que es la menopausia, van a venir no solamente los famosos calores y despertarse a medianoche, sino que van a venir también problemas fisiológicos como la fragilidad ósea y los dolores de cabeza. Pueden comenzar, incluso, las migrañas. También vienen los cambios de temperamento tan fuertes que el hombre dice, "Ya yo no la conozco. Un día está bien y el otro día me quiere comer".

Todos esos efectos son causados por cambios en los niveles hormonales. La falta de estrógeno puede traer resequedad. Mujeres que a lo mejor tenían una lubricación increíble pueden dejar de lubricar y hay veces que sus esposos lo interpretan como, "Mi mujer ya no es mujer". O, "Mi mujer ya no me quiere".

Todo eso se empeora cuando la relación de pareja no ha sido la mejor posible. Cuando ha habido muchas razones por las cuales una mujer pueda tener resentimiento, si le llega la menopausia eso se le va a poner diez veces peor que en una pareja que ha tenido una buena relación.

Lo que se necesita es mucha paciencia, porque esto no es pasajero. Hay mujeres que llevan 15 y 20 años con menopausia. Pero hoy en día hay muchas cosas que se pueden hacer para aliviar el impacto.

Muchas mujeres han recurrido a lo que es la terapia de reponer las hormonas por distintos productos fármacos. El problema es que ha habido una conexión bastante grande entre eso y problemas de cáncer en los senos.

Por eso, muchas mujeres están utilizando terapias alternativas con productos naturales, como hierbas y vitaminas.

Se ha comprobado que el ejercicio y los productos naturales de soya ayudan a balancear esos procesos hormonales que tanto afectan a la mujer.

Las personas que empiezan a tener esa susceptibilidad a las infecciones, dado el proceso de menopausia, deben evitar sustancias que las pueden resecar más—como el alcohol, la cafeína, los diuréticos, y los antihistamínicos. Deben tomar, por lo menos, de 32 a 48 onzas de agua al día.

La dieta juega un papel extremadamente importante. El selenio, la vitamina E—que no solamente te va a ayudar con lo de la piel, sino que también ayuda al movimiento de la sangre en la parte pélvica, que eso te ayuda a tener orgasmos.

Todas las comidas que tengan que ver con lo que le llaman fitoestrógenos, que quiere decir estrógenos de plantas, te van a ayudar. La alfalfa es muy buena, como son los panes que tienen grano, nueces, semillas enteras, manzana, apio o perejil. Estos ayudan a levantar células para contrarrestar el adelgazamiento de las paredes vaginales.

Muchas mujeres han encontrado beneficios con tomar el dong quai, regaliz, cohosh negro, y ginkgo biloba. Muchos recomiendan también el kava kava, pero unos estudios recientes han encontrado una conexión entre eso y problemas del hígado.

Por eso yo siempre recomiendo que hablen con un experto en la nutrición y que lean libros, porque casi todos los días se están encontrando nuevos remedios para los síntomas de la menopausia.

Es importante. Porque al educarnos y conocernos el cuerpo y los gustos, no hay porqué no poder disfrutar una vida sexual dinámica, intensa, romántica e íntima en todas las etapas de la vida.

Así es también con los siete pasos para el éxito en el amor. Son para toda la vida. Mientras más los practiques, más feliz vas a estar en tu relación.

Mientras más experiencias tengan, mejor se conocerán. Mientras más compartan, más se unirán. Nunca pueden dejar de respetarse. Siempre tienes que recordar que hacer feliz a tu pareja te va a hacer feliz a ti.

Cuando caminan juntos a diario, tomados de

la mano, están en el verdadero camino del amor. Por cada día que practican los siete pasos, más éxito tendrán. Por cada día que solucionen los problemas, menos problemas tendrán. Por cada día que creen esa intimidad total—con toques, miradas, palabras y, por supuesto, sexo—más unidos como pareja estarán.

El amor es lo más importante en la vida. El éxito en el amor es éxito de verdad.

APÉNDICE

Recursos para parejas

AIDS Hotline
línea de emergencia e información
en español sobre el SIDA 800-344-7432

Al Anon
asistencia para parientes de alcohólicos
800-344-2666

ALATEEN
asistencia para parientes de
adolescentes alcohólicos 800-425-2666

Alcohol y Drogas/Línea de referencia
800-252-6465

American Cancer Society
Asociación americana del cáncer
800-227-2345

American Council on Drug Education
Consejo americano de educación
sobre las drogas 800-488-3784

American Heart Association
Asociación americana del corazón
800-242-8721

American Lung Association
Asociación americana del pulmón
800-586-4872

Battered Women's Hotline
violencia domestica/línea de
emergencia 800-799-7233

Child Help National Child Abuse Hotline
abuso sexual de niños y adultos

800-422-4453

Coalition for Quality Children's Media
clasifica los programas de TV,
películas y sitios del Internet.
También se pueden encontrar
críticas de videos en www.reel.com,
www.kids-in-mind.com y
www.screenit.com   505-989-8076

Cocaine Hotline
cocaína/línea de emergencia e
información

800-262-2465

Cocaine Anonymous World Services
asistencia para adictos a la cocaína

800-347-8998

Covenant House Crisis Hotline
crisis/línea de ayuda   800-999-9999

Dual Recovery Anonymous
para adictos a las drogas con problemas
emocionales o psicológicos   800-909-9372

Families Anonymous
para parientes de adictos a las drogas,
alcohólicos y personas con problemas
psicológicos o emocionales   800-736-9805

Gay & Lesbian National Hotline
Homosexuales/línea de emergencia

888-843-4564

Hepatitis Hotline
hepatitis/línea de emergencia   800-223-0179

Immunization Hotline
Inmunizaciones/línea de
emergencia e información en español 800-232-0233

Marijuana Anonymous
Marijuana anónimos/línea de ayuda
800-766-6779

National Council on Gambling
Consejo nacional del juego 800-522-4700

National Depressive and
Manic-Depressive Association
ayuda e información para depresivos
y maniacodepresivos 800-826-3632

National Mental Health Association
Asociación nacional de salud mental 800-969-6642

National Runaway Hotline
niños desaparecidos y
fugitivos/línea de ayuda 800-231-6946

Rape & Incest National Network
Red nacional de violaciones e incesto 800-656-4673

Sex Addicts Anonymous
Adictos sexuales anónimos 800-477-8191

Sexual Compulsives Anonymous
Compulsivos sexuales anónimos
800-977-4325

Stuttering Foundation of America
Fundación de tartamudas 800-992-9392

Toughlove International
Amor firme internacional 800-333-1069

United Way of America 800-411-8929

Dra. Isabel Gomez Bassols
"Doctora Isabel"

La Dra. Isabel Gómez-Bassols, mejor conocida por sus legiones de fanáticos como "la Doctora Isabel, el Angel de la Radio," es la primera sicóloga radial hispana del país.

La inmensamente popular anfitriona del programa radial del mismo nombre conduce su show de consejos, en vivo, de lunes a viernes, de 1:00 a 4:00 PM (hora estándar del este), a través de Radio Unica. Esta cálida, sensible y carismática doctora, que posee una habilidad casi maternal para escuchar a los demás y ofrecerles buenos consejos de forma directa, emite opiniones expertas a diario sobre toda una gama de temas cruciales que incluyen desde la buena crianza, las relaciones maritales, el divorcio, la sexualidad humana y la educación hasta cómo lidiar con la muerte, las adicciones, la dependencia, la rebeldía juvenil y la violencia, tanto dentro como fuera del hogar. Fenómeno de los medios, la doctora recibe un promedio de 8,000 intentos de llamadas telefónicas al día.

La personalidad cautivadora de la Doctora

Isabel está sustentada por un serio expediente profesional, el cual contiene el secreto de su vasta credibilidad. Connotada sicóloga, pedagoga y especialista en la violencia doméstica, con tres décadas de experiencia como consejera familiar y de adolescentes, ha ejercido como sicóloga privada y del Sistema Escolar Público del Condado Miami-Dade, el cuarto más grande del país. Allí, en la década de los '70, desarrolló y puso en marcha un programa modelo para controlar la agresión. Con el tiempo llegó a presidir su Departamento de Servicios Sicológicos. Tanto la Asociación de Sicólogos Escolares de la Florida como la Nacional han reconocido a la Doctora Isabel como experta en los temas que afectan a los niños hispanos y a sus padres. Como resultado de su trabajo, así como de su método efectivo de ejercer la consejería, es altamente codiciada como invitada de diversos programas televisivos, en los cuales comparece con frecuencia, y como oradora pública.

Su primer libro, "¿Dónde Están Las Instrucciones Para Criar A Los Hijos?", publicado por Kensington Publishing Corp., es una guía relevante de cómo criar niños hispanos sanos, felices y exitosos en los Estados Unidos.

Madre de cuatro y abuela de cuatro, la Doctora Isabel posee un doctorado en pedagogía con especialización en la adolescencia de los años primeros y medios. Así mismo, cuenta con un título postgrado de especialista en psicología y una maestría en la diagnóstica sicológica. En adición, ha completado entrenamientos especializados intensivos en una variedad de campos, incluyendo los desórdenes de intimidad sexual, realizados en el mundialmente conocido Masters & Johnson Institute; la violencia doméstica, a través de The National Coalition Against Violence; y el luto y la pérdida familiar, en Chloe Madanes.